방안퉁수가 부르는 노래

신아출판사

방안퉁수가
부르는
노래

한 현 수 지음

책머리에

제2막 인생 삶의 이야기

하늘은 금방이라도 소나기를 한바탕 시원하게 뿌릴 것 같습니다. 오늘 같은 날은 유난히 고향 생각이 납니다. 어머니의 숨결이 묻어 있는 내 고향 토담집도 그립고 함께 뛰놀던 개구쟁이 친구들도 보고 싶습니다.

어릴 때 이웃집 할아버지께서 별명처럼 지어 부르셨던 '방안퉁수' 여음이 들리는 듯합니다. 그 부끄럼쟁이 방안퉁수도 우물 안 개구리가 넓은 세상을 보기 위해 뜀박질하듯, 그동안 모은 노래를 여러 사람 앞에서 요란하지 않게 불러보고 싶었습니다.

교직생활 38년을 마감하는 2007년, 정년퇴임 기념으로 문학에 대한 무지한 상태에서 젊은 혈기 하나로 ≪내 고향 토담집≫을 처음 출간했습니다.

방안의 이불 속에서 나 혼자 부르는 노래가 얼마나 음색이 맞고 아름다울 수 있겠습니까? 따라서 문학 장르 특성에 맞고 좀 더 숙성되어 문향 짙게 풍기는 글을 쓰고 싶어 덕진노인복지관 수필창작반에 입문하여 배우고 익히며 문학활동을 해왔습니다. 그런 가운데 문학에 대하여 해박하고 자상한 지도교수님의 가르침을 발판 삼아 노력한 결과 마침내 2010년 ≪수필과비평≫지를 통하여 등단하는 기쁨과 보람을 느끼기도 했습니다.

인생 제1막 정년퇴임이 끝나고 제2막 노년기에 접어들어 인생의 나이테가 한 해 두 해 쌓이는 동안 삶의 흔적들을 진솔하게 써 보려 노력했습니다.

이제는 글을 쓸 때마다 그동안 갈고 닦은 문장력으로 문학성 깊은 글을 써보겠다고 다짐도 해 보았습니다.

또한 수준 높은 문학강연, 세미나 등에 참석하여 시 · 수필작법 등에 대해서 이론적인 지식을 쌓고 다지기도 했습니다.

그러나 두 번째 선보이려는 ≪방안퉁수가 부르는 노래≫ 또한 주제나 소재가 지나치게 일상적인 것 같습니다. 단순한 생활기록으로, 문학성이 결여된 글을 쓴 것 같아서 마치 민낯을 내보이는 것처럼 부끄러운 마음입니다.

문학은 인간 생활의 거울이라고 배웠습니다. 또한 문학은 자신이 걸어온 인생이요, 인격의 표준이며 자신의 모습을 그려내는 자화상이라는 생각이 들었습니다. 날이 갈수록 윤기 없고 척박한 삶의 터전이 될는지 모르겠지만 배우고 익힌 예술과 학문을 디딤돌 삼고, 희망의 씨앗 삼아, 심고 가꾸면서 보람 있는 여생을 보내리라 다짐해 봅니다.

책을 처음에는 수필집이나 시집 등 한 장르로 꾸며 제작할까 했습니다. 그러나 여러 작가나 선비들이 그랬듯이 시 · 서 · 화(詩 · 書 · 畵)를 취미로 삼고 오랫동안 여가를 선용하여 다져왔기에 수필, 시, 서예, 문인화, 방송대본 등을 고루 실었습니다. 특히 방송대본은 덕진노인복지관에서 봉사활동으로 4년째 80여 차례 방송을 하면서 작성한 원고입니다.

앞으로 더 노력하여 문학성 있고 생명력 있는 글을 써서 격 높은 울림이 독자의 감정을 정화시키고 정신을 승화시키는 데 일조하도록 노력하겠습니다.

아직 미숙하고 보잘것없는 작품이지만 애정 어린 마음으로 살펴보고 지도 · 조언해주시면 마음속 깊이 간직하고, 더욱 정진하는 기회로 삼겠습니다.

끝으로 방안퉁수가 이렇게 대중 앞에 글을 내놓도록 길잡이가 되어준 벗이자 덕진노인복지관 수필반 지도교수인 김경희님과 서 · 화(書 · 畵)에 대한 기능과 안목을 높일 수 있도록 지도해주신 가람서실 백소자 원장님께 깊은 감사를 드립니다.

그리고 책이 출간되기까지 도와주신 신아출판사 사장님과 편집부 선생님들께 감사의 말씀을 드립니다.

2014년 여름

淸溪　한 현 수

저자의
서예 작품

삶

성령충만

저자의
서예 작품

少年易老學難成
一寸光陰不可輕
未覺池塘春草夢
階前梧葉已秋聲

淸溪 韓賢洙

勸學文 70×140cm

해설 ｜ 소년은 늙기 쉽고 학문은 이루기 어려우니, 짧은 시간이라도 가벼이 여기지 마라. 아직 못 가의 봄풀은 꿈에서 깨어나지 못했는데 섬돌 앞의 오동나무 잎은 벌써 가을 소리를 내느니라.

自勝者强 58×18cm

해설 | 자신을 이기는 자가 가장 강하다.

一切唯心造 58×18cm

해설 | 모든 일이 마음먹기에 달려 있다.

저자의
사군자 작품

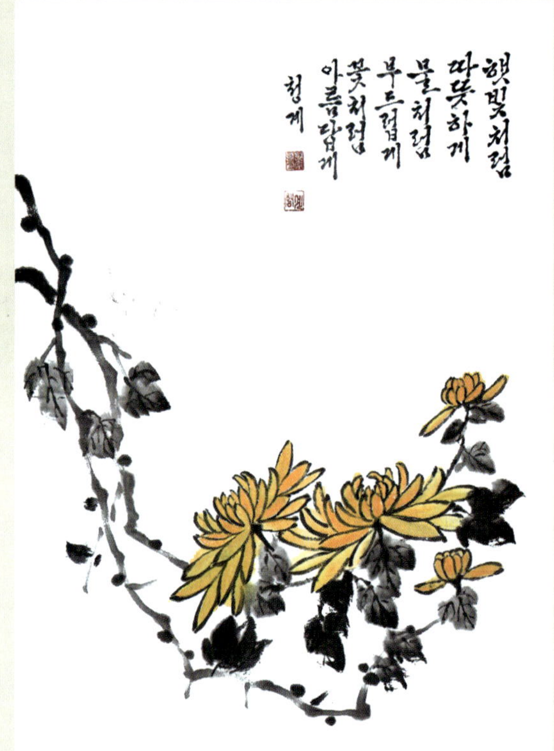

국화 향기 46×70cm

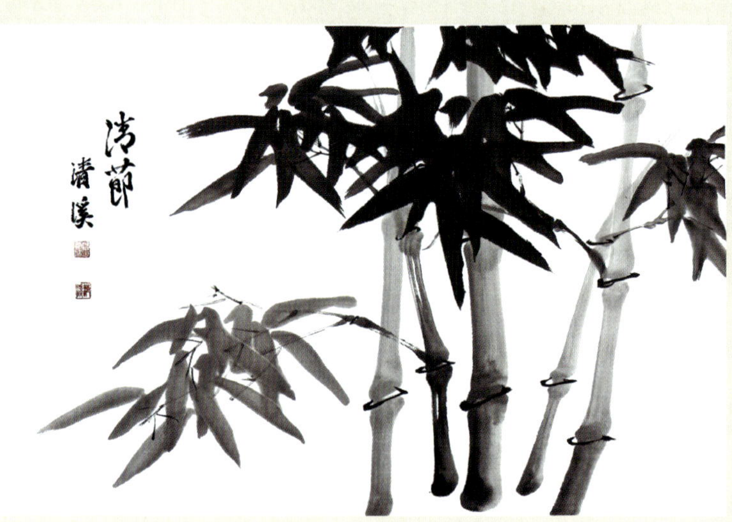

淸節 70×46cm
해설 | 맑은 절개

저자의
문인화 작품

꽃의 향기 46×70cm

저자의
문인화 작품

조롱박 46×70cm

차 례

제2부 기행 수필

제3부 시

제 1 부
수필

노심老心을 청심靑心으로

나이를 먹어가며 늘어나는 것은 주름살이요, 세월이 흐를수록 쌓이는 것은 한숨과 걱정뿐이라더니….

나는 지난날의 삶이 보람보다는 아쉬움이 많은 탓인지 소중한 것을 잃은 것처럼 허전함과 아쉬움을 느끼곤 한다.

지금에 와 생각해 보면 조금만 더 관심을 갖고 노력을 했더라면 아름다운 추억을 남기고 마음의 정서가 촉촉했을 텐데 하고 뒤돌아봐진다.

교직을 퇴임한 지 이제 겨우 1년인데, 마치 인생의 종점에 온 듯 마음마저 늙어 어떤 때는 삶이 부스럭거리는 마른 잎처럼 진기가 없는 것 같다는 생각이 든다. 그럴 때마다 촉촉이 젖은 잎처럼 오순도순 윤기 나게 사는 젊은이들을 부러운 눈으로 보곤 한다.

노쇠한 흔적이 어찌 마음뿐이랴? 2년 전 맞춘 안경도 요즈음은 침침한 것 같아 나도 모르게 벗었다 썼다를 반복하며 안경알을 깨끗이 닦고 또 닦는다. 마음만 늙은 것이 아니라 몸 기능 또한 노쇠해짐을 느낄 때면 문득 나도 모르게 깊은 한숨이 나온다.

버스를 탈 때마다 "할아버지, 이리 앉으세요." 하고 자리를 양보해주는 것도 반갑지 않고, 연륜의 흔적 주름과 반백이 된 머리카락도 반갑지 않은 선물이기에 거울 보기가 점점 싫어진다. 마음은 청춘인데…. 혼자 중얼거려 본다.

며칠 전의 일이다. 퇴직 후에는 흔히 쓰는 말로 '백수'가 되었기에 무료한 시간을 달래 볼 요량으로 인근에 있는 노인복지관을 찾았다. 그곳으로 가는 동안 내가 벌써 '노인老人'자가 붙은 복지시설에 찾아갈 정도로 늙었나 하는 생각에 창피하고 쑥스러워 나도 모르게 고개를 푹 숙이고 살금살금 고양이 걸음으로 걸었다.

그러나 복지관에 들어서자마자 잘 갖춰진 시설과 다양한 프로그램을 보고 깜짝 놀랐다. 취미 여가를 위한 노래, 하모니카, 풍물교실, 무용, 민요교실, 교양교육을 위해서 서예, 문인화, 영어, 한자, 건강 증진을 위한 탁구, 당구 등 무려 30여 가지가 넘는 다양한 프로그램이 운영되고 있었다. 강의실마다에서 열심히 배우는 노인들의 모습을 보고 나도 모르게 야! 하고 감탄사가 저절로 나왔다.

'평생교육', '교육무애教育無涯' 배움에는 끝이 없다는 말이 실감이 났다. 고희를 넘어 팔순에 가까운 어르신들이 향학열에 불타 열심히 배우는 모습을 보니 '다 늙어서 뭘….' 하고 생각했던 내가 부끄럽다는 생각이 들었다.

나는 노인복지관을 돌아보고 마음속으로 다짐했다. 버리자! 잠재되어 있는 노심老心을…. 나도 해 보자! 도전을…. 노심을 청심으로 바꿔보겠다는 다짐이다.

우리는 '마음은 청춘이고, 나이는 숫자에 불과하다.'라는 말을 자주 쓰면서도 한편으로는 '나는 늙었는데, 지금 와서 무엇을….' 하며 자포자기自暴自棄할 때가 있다.

이제부터는 정말 늙었다는 마음, 즉 노심을 버려야겠다. 그러기 위해서는 노심을 푸르른 청심靑心으로 바꿔 멋들어지게 살도록 노력해야겠다.

(2008. 2. 20.)

내가 좋아하는 숫자

우리는 일상생활에서 숫자를 편리하게 사용하고 있다. 그러나 숫자가 언제 어떤 과정을 거쳐 발명되었는지도 모른 채 고마움을 생각하지도 않고, 사용하는 것 같다.

엊그제 수필 반에서 교수님이 '내가 좋아하는 숫자'를 주제로 하여 글을 한 편씩 써보라는 과제를 내주었다. 갑작스런 과제 내용에 당황스럽고 내가 무슨 숫자를 좋아하는가? 선뜻 떠오르지도 않고 오히려 우리 민족이 전통적으로 싫어하는 숫자 4가 먼저 머리를 스치고 지나갔다.

좋아하는 숫자라!

나도 몰래 혼자 중얼거리며 궁금증을 풀어준다는 인터넷을 한번 뒤적여보았다. 그러던 중 나도 모르게 야! 하고 소리를 쳤다.

우리가 무심코 썼던 3이라는 숫자에 우리 민족의 정서와 생활문화가 이렇게 많이 관련되어 있는지를 처음 알았다.

왜 그리도 우리 민족은 대대로 3이라는 숫자를 좋아했을까? 그 이유를 살펴보니 고개가 끄덕여지고 이해가 되었다. 1은 남자(양)를 나타내며 2는 여자(음)를 나타내어 1과 2가 합하여 생명의 탄생을 상징하는 3이 되었다고 믿고 있다. 또한 우리 조상들은 3을 좋아하였기에 3과 관련된 생활 단어가 아주 많다. 삼세판, 삼조고, 삼칠일, 삼일장, 삼짇날, 삼존불상, 삼위일체, 만세삼창, 삼고초려 등 헤아릴 수 없이 많으며, 3이라는 생활단어 속에 우리 전통생활문화와 중요한 의미가 담겨 있다는 것을 깨달았다.

우리나라 산 중에서 가장 신성시하는 산을 삼신산三神山이라 하여 금강산, 지리산, 한라산을 꼽았다. 또 3자가 들어가는 말에는 삼정승이 있으며, 첫 새벽 먼동이 트자마자 물을 길어와 하얀 사발에 담아놓고 삼신령님, 칠성님을 찾으며 무병장수하라고 양손 비벼대던 어머니가 눈에 선하다.

삼신령은 아기의 점지와 해산을 맡는다는 세 신이다. 즉 아이를 점지하는 신, 산모를 보호하는 신, 아이를 수호하는 신을 말한다. 우리 조상들은 집안에 우환이 있을 때나 식구가 먼 나들이에 나설 때에는 어김없이 정화수를 떠놓고 무사안일을 빌었다.

반면에 우리 민족은 4자를 전통적으로 싫어한다. 4하면 死(죽을사)를 생각하기 때문인 것 같다. 심지어 운동선수 등번호에는 4가 없으며, 전화번호, 차량번호 등에서도 싫어한다. 이렇게 관념적으로 4하면 대다수가 죽음을 떠올리는 것 같다

그러나 원래 우리 민족이 숫자 4를 꼭 그렇게 싫어하는 것만도

아닌 것 같다. 왜냐하면 동서남북 4방위, 사계절, 고구려의 사신도, 조선왕조실록 4곳, 조선 시대 내사산, 사물탕, 사군자 등 생활 곳곳에서 사용한 것을 찾아볼 수가 있다.

이렇게 우리 민족이 유달리 좋아하는 3자가 있고 요즈음같이 싫어하는 4자가 있구나 하고 고개만 끄덕이고 감탄할 뿐, 나의 마음을 끄는 매력 있는 숫자가 아니었다. 다시 1, 2, 3··· 하고 수를 헤아려 나가다가 아! 그렇지 7이 있구나. 반가운 마음에 나도 모르게 무릎을 쳤다.

내 마음에 여운을 남기는 숫자! Lucky 7(럭키 세븐)이 마음에 와 닿았다. 그렇다. Lucky 행운을 가져다준다는 통설이 있는 7에 마음이 끌렸다. 거기다 몇 번 실패해도 굽히지 않고 분투하는 칠전팔기 七顚八起가 있지 않은가? 또한 성경에 보면 하나님께서 6일 동안 천지창조하시고 7일째 안식하셨다고 하여 7을 완전수라고 한다.

그런가 하면 부족한 에너지 자원 개발을 위해 제주도 남단 바다 위에 설치했던 7광구 시추선이 생각난다. 〈7광구〉 노래, 〈7광구〉 영화도 제작되었다.

나는 이제 7을 내가 선호하는 숫자로 마음에 담아두기로 하였다. 또한 이번 과제를 계기로 아라비아 숫자의 기원을 알게 되었으며, 숫자가 인간생활 문화 발전에 필요함을 다시 한 번 생각하게 되었다.

(2008. 9. 27.)

길

오랜만에 깊은 산속 오솔길을 뚜벅뚜벅 걸으며 생각에 잠겨본다. 산이 크고 깊을수록 산울림도 크고 생각도 많아지는 것 같다. 아름드리나무들이 터널을 이루고 바람에 나뭇잎이 일렁일 때마다 파란 하늘이 인사를 하듯 내다보인다. 가파른 등산로가 구불구불 실핏줄처럼 이어져 끝이 없다.

대동맥처럼 큰길 고속도로가 있는가 하면 실핏줄처럼 좁은 오솔길이 이어져 있다. 산속 길을 걷다 보니 넓든 좁든 길은 고맙다는 생각이 든다.

길은 왜 생겼으며 누가 만들었을까? 지나쳐버릴 만도 한 일을 새삼스럽게 생각하다 보니 산 오르는데 피곤한 줄도 모르겠다.

길은 아마도 한 사람이 걸으며 남긴 발자국을 따라 여러 사람이 걷다 보니 닳고 닳아 흔적이 남고, 그 흔적이 마침내 길이 되었을 거야 자문자답을 해본다.

길은 크기에 따라 이름도 참 다양하다. 산속 등성이에 아스라이 나 있는 오솔길이 있는가 하면 울퉁불퉁 자갈이 나뒹굴어 옛 추억을 떠올리게 하는 신작로가 있다. 그런가 하면 빠르고 편리한 대중교통의 수단이 되고 있는 고속도로가 있다.

길에는 또 하나의 의미를 지닌 길도 있다. 사람이 살아가는 삶의 방법이요, 수단의 어휘로 길이란 낱말을 자주 쓴다. 즉 목적 수단의 방법으로 넓은 의미의 바라는 바의 길이 우리 생활 속에서 많이 쓰이고 있다.

이처럼 길이란 한 낱말에 숨어 있는 교통수단의 의미와 삶에서의 바람의 의미를 생각하며, 올라갔던 길을 되돌아 산등성이를 지나 쉬엄쉬엄 내려왔다. 등산로 오솔길을 따라 친구끼리 또는 연인끼리 짝을 지어 올라가는 사람, 내려오는 사람을 보니 마치 덩치 큰 산이 심호흡을 하는 것 같았다.

산 아래쪽으로 거의 내려왔을 때쯤 산비탈에 유난히 큰 소나무 그루터기를 보니 ≪아낌없이 주는 나무≫ 이야기가 머리를 스치고 지나갔다. 나무는 소년의 소망을 들어주기 위해 놀이터도 만들어 주고, 열매를 맺어 식량이 되어주었으며, 가지를 잘라 집도 짓게 해 주었다. 나무는 소년이 어른이 되어 집을 떠날 때 배를 만드는 목재가 되어주기도 했다. 나무는 소년을 위해 온몸을 바쳤으나 후회하지 않고 밑동만 남은 그루터기가 되어서도 몇 년 만에 돌아온 할아버지 즉 소년의 쉼터가 되어 구부러진 허리를 펴게 해주었다는 이야기가 생각났다.

나는 이 이야기를 생각하면서 교직관으로 생각하고 실천하려 했던 빛과 소금이 되어 후배양성에 봉사하겠다는 다짐을 실천하였는지 뒤돌아보게 되었다. 과연 나는 한 그루의 나무처럼 내 몸과 마음을 다 바쳐 봉사하고 맡은 업무에 충실하였는가? 오솔길을 지나 탁 트인 넓은 길을 걸으며 앞으로의 생활을 다짐해 보았다.

그렇다. '나무처럼 봉사하는 길이 되자. 길….'

인간의 생명이 유지되기 위해서는 동맥과 정맥 그리고 실핏줄이 쉴 새 없이 피돌기를 하고 영양분을 공급해야 하듯이 편리한 교통을 위해서는 도로망을 잘 정비해야 한다.

그러나 사람들은 길은 삶에서 없어서는 안 되는 교통수단으로 소중함을 알면서도 잘 정비하고 보존하려는 노력이 부족한 것 같다.

길은 수많은 사람들에게 밟히고 차이면서도 목적지의 안내자요, 인도자요, 만남의 장의 역할을 다하는 면이 있다. '아낌없이 주는 나무'처럼 고마운 생각이 들었다. 하물며 나무 같은 식물이나 길 같은 무생물도 인간의 삶에 도움을 주는데 앞으로의 삶을 어떻게 사회에 봉사하고 헌신하며 보람 있게 보낼 것인가.

무명의 길이 인간의 삶의 수단이요 요소가 되듯이 나무나 길같이 도움을 주는 삶을 살기 위해서 어떤 노력과 봉사를 해야 할까? 선뜻 생각이 떠오르지를 않는다.

(2008. 10. 24.)

보고 싶은 마음

온 세상이 곤하게 잠이 들었는지 뽀얗게 여명이 밝아오지만 적막감이 감돈다.

오늘 아침에도 잠에서 깨자마자 '혹시나' 하는 기대 속에 가슴 졸이며 컴퓨터를 켜고 메일을 열어 본다. 이젠 인터넷을 뒤적이고 메일을 열어 보는 일이 하루의 시작이요, 마음의 문을 열고 나의 삶의 다짐과 지식을 얻는 시간이 되어 버렸다.

"여보 많이 왔어!" 나도 모르게 큰소리를 질렀다. "예, 왔어요?"

처음에는 '무엇이?' 하고 깜짝 놀라더니 아내도 이제는 설명을 하지 않아도 손자, 손녀들의 동영상이나 사진 메일이 왔다는 소리인 줄 알고 큰방에서 눈을 비비며 잠옷 바람으로 달려온다.

오늘은 재수가 참 좋은 날인가 보다. 그렇게 기다리던 손자, 손녀 동영상 메일을 두 아들 모두 보내왔다.

큰아들 둘째 손자 승희의 혀를 날름거리는 까불이 동영상과 사진도 재미있다. 둘째 아들 손녀 지희의 서 있는 모습, 노는 모습도 대견스러워 나와 집사람은 함박웃음을 웃으며 보고 또 보고 무려 세 번이나 보았다.

이제는 아주 컴퓨터 바탕화면에 파일을 만들어 놓고 하루에도 몇 번이고 틈만 나면 들여다본다. 종이나 헝겊 같았으면 닳고 닳아서 너덜너덜해졌을지도 모른다.

가만히 생각해 보면 그럴 만도 하다. 저 나는 새들도 둥지를 지키며 먹이를 물어 나르고 사랑을 나누는데, 오랜 세월 가정이란 둥지 속에서 가족 간의 애환을 나누다가 성년이 되어 결혼하여 부모 품을 떠나 멀리 서울에서, 수원에서 새 둥지를 틀고 살고 있으니 그 보고픔이야 어떻게 다 말로 표현할 것인가?

이렇게 멀리 떨어져 살다 보니 항상 머릿속에서 맴돌고, 특히 손자 손녀들의 모습이 눈에 선하다. 오죽하면 엊그제는 기다리다 못해 동영상 좀 보내라고 문자 메시지를 보내기도 했다.

엊그제 모임 회식 때 일이 생각난다. "○○○친구, 요즘 뭣하고 지내는가?" 묻는 말이 떨어지기도 전에 "손자 봐." 여기저기서 "나도 한나절씩 애기 보네." 이제 친구 나이들이 환갑을 넘어 육십 중반이 되고 보니 유모 신세가 되었다고들 한탄 섞인 말을 토해낸다. 그러나 이렇게 손자, 손녀들의 동영상이나 사진만 보아도 즐겁고 기쁜데 친구들은 얼마나 좋을까? 나는 부러운 생각이 든다.

'눈에서 멀어지면 마음에서도 멀어진다.'는 말은 타인 간에 또는 이성 간에나 통하는 말인 것 같다. 우리 아이들은 명절 때나 가족행사 때 등 일 년에 대여섯 번 만나지만 혈연으로 맺어진 애정의 결합체요, 운명의 공동체적 특성을 가지고 있는 가족의 관계인 탓인지 한시도 잊어본 적이 없다.

엊그제까지만 해도 보고 싶고 목소리라도 듣고 싶던 손자, 손녀들이 점점 튼튼하게 자라니 항상 든든한 마음이 앞서고, 갓난아이 손주들의 점점 자라는 모습이 더 보고 싶어진다. 그래서 '내리사랑'이란 옛말이 있나 보다.

(2008. 11. 20.)

대화의 물꼬가 터지던 날

인간이 동물과 다른 점은 무엇일까?

우리는 흔히 인간이 동물과 다른 이유는 언어 소통과 지혜 그리고 사고력, 판단력, 지배하는 능력이 있기 때문이라고 한다. 또한 인간을 '만물의 영장'이라고 한다.

사람이 생계를 유지하기 위하여 각자의 생활터전에서 부지런히 일을 하듯이 동물 또한 환경에 맞는 곳에 둥지를 틀고 적응하며, 먹이를 나르고 새끼를 치며 살아가고 있다.

그러나 동물은 인간처럼 생각하는 지혜가 없어 창의적인 행동을 할 수 없으며, 언어 소통 능력이 부족하여 의사전달을 자유롭게 하지 못하는 것 같다.

나는 작년부터 직장인의 굴레를 벗고 사회인으로서 노인이란 반갑지 않은 족쇄를 차고 하루를 매일 다르게 보내고 있다. 건강 유지를 위해 운동도 하고 보람 있는 여가 생활 선용과 정서순화에 도움을 주고자 수필창작 수강과 몇 년 전부터 서실에 입문하여 서예를 익히고 있다.

서실에 가면 언제나 정숙하면서도 고향 품속 같은 정감이 느껴지며 따뜻한 분위기가 감돈다. 서예 기능 연마도 중요하지만 묵향 속에 도란도란 세상 이야기로 대화의 꽃을 피우면, 삶에 활력소가 넘친다. 우정 나눔의 쉼터이기에 하루라도 서실에 들르지 않으면 끼니를 거른 듯 허전하다.

그런데 며칠 전부터 S회원이 말문을 닫은 채 "안녕하세요?" 인사말 외에는 입을 열지 않았다. 본인 말대로 '서실 분위기 메이커'일 정도로 미모만큼이나 재치 있고 구수하게 말을 잘하였는데 침묵으로 일관했다.

왜 말을 안 하느냐고 물으면 "별로 할 말이 없어요."라고 대답을 할 뿐이었다. 어쩐지 정겹던 서실 분위기마저 냉기가 감도는 느낌이 들었다.

말(대화)!

언젠가 책에서 읽은 한 구절이 생각난다. '혼자 있을 때는 독서를 하고 둘이 있을 때는 대화를 하라.' 독서와 대화의 필요성을 표현한 말이 아닌가 생각한다.

오늘따라 인간의 생활 속에서 대화가 이렇게 필요하다는 것이 새삼스럽게 느껴지고 여러 가지 생각이 들었다.

우리 생활에서 대화가 필요한 사례는 얼마든지 볼 수 있다. 작게는 화목한 가정 유지를 위한 가족 간의 대화와 부부 간의 갈등해소를 위한 대화, 친구 간의 우의를 다지기 위한 대화가 있다.

나아가 크게는 국가적으로 국제 간에도 대화가 필요하다. 경제가 나빠질수록 매년 연례행사처럼 행하여져 우리 생활을 어렵고 불편하게 하는 노조의 파업, 그럴 때마다 노 · 사가 책상에 마주 앉아 대화로 실마리를 해결하곤 한다. 그런가 하면 우리가 그렇게 염원하는 평화통일을 위해서 남북대화를 실천하고 있으며, 국제 간에 중요한 일이 있을 때마다 대화로써 어려움을 해결해 나가고 있다.

이처럼 대화는 우리 생활 속에 꼭 필요한 생활요소요, 도구와 같은 것인데 갑자기 서실이 침묵 속에 냉각된 분위기로 시간을 보내려니 별 생각이 다 든다. '침묵은 금이다.'라는 금언을 실천하려고 작정을 했나? 아니면 요즈음 유행어인 "늙을수록 입은 닫고 지갑은 열어야 대접받는다."라는 말을 실천하려는 것일까?

그것도 아니면 젊음의 기를 늙은이들에게 빼앗길까 봐 노력하는 것일까? 아니야, 개인 사정이 무엇인가 있을 거야 자문자답하면서도 온갖 생각이 다 들었다.

오늘은 주책없이 어리광을 부려서라도 서실의 화기애애한 분위기 지속을 위해 대화의 물꼬를 트게 해볼까? 아니면 그리운 옛 동무 불러내어 차를 마시며 지난 추억 더듬어보고 옛날이야기하며 답답한 마음을 달래 볼까? 글씨를 쓰는 동안 내내 '대화'란 두 글자가 가슴을 짓누르며 머리에 맴돌았다.

그런데 그렇게 막혔던 대화의 물꼬가 회식 자리에서 결국 터졌다. 봇물처럼 토해내는 S회원의 유머 섞인 말에 회식 자리가 배를 움켜쥐고 까르르 웃는 웃음바다가 되었다. 마치 어두컴컴한 긴 터널에서 빠져나온 느낌이었다.

나는 인간의 삶에는 대화가 필요하다는 것을 새삼스럽게 깨달았다. 그림, 서예, 음악, 공예, 말 등을 통하여 심상心象과 희로애락喜怒哀樂을 표현하지만 대화야말로 인간생활에서 없어서는 안 된다는 것을 다시 한 번 생각하는 기회가 되었다.

(2008. 12. 31.)

사랑과 나눔의 삶

'고맙습니다. 서로 사랑하세요.' 짤막한 유언의 말을 남기며 한평생을 낮은 곳을 찾아 행하고 사랑과 봉사를 몸소 실천하신 큰 별님 같은 김수환 추기경님이 선종하셨다.

온 국민 마음속 깊이 희망의 씨앗을 키워주고 고달픈 마음의 쉼터가 되어주고 힘들고 어려움 속에서도 꿋꿋이 정의를 실천하며 안내자로 지킴이로 어둠을 밝혀주는 등댓불 같은 삶을 살았기에 추기경님을 흠모하고, 추기경님의 선종을 큰 별이 졌다고 애석해하며 추모의 인파가 장사진을 이루나 보다.

자기밖에 모르는 각박한 세상에 조문인파가 종교의 벽을 넘고 남녀노소를 떠나 전국 아니 세계 각처에서 모여드는 것을 보며 새삼스럽게 놀라고 나의 지나온 삶을 뒤돌아보게 된다.

'사람은 죽어 이름을 남기고 호랑이는 죽어 가죽을 남긴다.'라는 말이 문득 떠오른다. 나는 고 김 추기경님의 훌륭하신 면면을 알지 못했는데 이번 선종을 통하여 조금이나마 알고 보람 있는 삶과 아름다운 죽음이 어떤 모습인가를 생각하게 되었다.

어떤 점이 온 국민의 가슴속에 추모하는 마음이 생기게 불을 지피고 심금心琴을 울리며 나의 삶을 뒤돌아보게 할까.

첫째, 사랑과 나눔을 실천하는 삶이다.

나는 김수환 추기경님의 죽음을 통해 선종이란 새로운 말의 뜻을 알게 되었다. 보통 사람에게 붙여지는 사망, 별세 그리고 불가에서 쓰는 입적이란 말은 들어보았으나 선종이란 말은 처음 들어보았다. 선종은 가톨릭교회에서 사망했을 때 쓰는 용어로 선생복종을 줄여서 쓰는 말이며 '착하게 살다가 복되게 생을 마친다.'라는 뜻이라고 한다.

선종에 내포되어 있는 뜻만큼이나 추기경님은 평소의 삶을 사랑과 나눔 그리고 긍정의 힘을 뜨겁게 응집해 보여주신 것 같다. 자신보다는 이웃을 항상 생각하며 낮고 어둡고 후미진 곳을 몸소 찾아다니며 탄광촌 아이들에서 빈민촌 아이들까지 돌보아 주는 사랑을 실천하였다고 한다. 어쩌면 이익과 자신의 욕심만을 좇는 사회, 잘 먹고 잘 사는 것을 추구하며 다수보다는 개인의 영달을 위해 살려는 웰빙 시대에 항상 '무소유와 사랑하라.'는 말을 몸소 실천하며 불우하고 가난한 이들의 다정한 친구요, 아버지요, 어린아이들에게는 할아버지가 되어주셨기에 수많은 사람들이 마음속 등불이 꺼진 것처럼 여기고 애통해하며 눈물을 흘리는 것 같다.

둘째, 희생과 봉사의 솔선수범으로 나눔의 문화를 확산시켰다.

고인의 각막 기증은 빛을 잃은 사람에게 새 빛을 마지막 선물로 남겨주신 큰 선물이 아닐 수 없다. 이번 고인의 각막 기증으로 많은 사람들에게 생명의 소중함을 일깨워 장기 기증 운동에 대한 관심을 고조시켜 수백 명이 장기기증 서약을 하는 등 나눔의 문화가 확산되어 가고 있다 한다. 또한 고인의 유품 가운데 갈라지고 빛바랜 검은 플라스틱 안경테와 코 부분이 벗겨진 검은색 실내화 유품에서 검소한 생활을 엿볼 수 있으며, 특히 통장 잔고가 1,000만 원도 안 되게 남아 있다니 소박한 장례를 원하셨던 마음을 가히 짐작할 수 있다.

셋째, 민주화 운동의 버팀목이 되었다.

고 김 추기경님의 격동의 세월을 사제로서 인간으로서 겪은 심적 고통은 우리가 상상할 수 없을 정도로 컸을 것이다.

고 김 추기경님은 제2의 고향과도 같은 명동성당에서 오랜 세월을 보내며 민주화를 위해 군부 정권과도 정면으로 맞서 비판의 목소리를 높이고, 유신통치가 극에 달했던 시기에는 직선제를 강력히 주장하고 유신정권 반대 데모 시민과 대학생들이 명동성당에 피신하자 앞에 나서서 경찰을 가로막으며 "먼저 나를 밟고 지나가라."고 하셨다. 그 말이 오늘날까지 생생하게 전해지고 있다.

이처럼 고 김 추기경님과 명동성당은 우리 겨레의 기쁨과 고난을 함께하며 지금까지 이 사회를 밝히는 빛과 등대로 존재해 왔다.

넷째, 큰 별의 장례 미사는 장엄하고 아름다웠다.

고 김 추기경님은 오롯이 자기를 희생하여 사랑을 실천하고 소금과 빛이 되어 살아왔기에 40만 명이 넘는 추모 조문객들이 존경하는 마음에서 찾아왔다고 한다. 매스컴에 의하면 백범 김구 선생님 장례식, 고 박정희 대통령 영결식, 육영수 여사의 영결식에 이어 최대의 추모행렬이라고 한다. 장례는 5일장을 치르되 교황 장으로 치르게 되었는데 장례미사가 있던 날 수많은 시민들이 인도에 나와 "사랑합니다. 추기경님." 하고 외치며 눈물을 흘리는 모습을 볼 수 있었다. 또한 많은 문학인들이 시로, 긴 글로 추모의 글을 남겼으며 방명록에는 유명 인사들의 추모의 글이 줄을 이었다.

박노정 시인의 〈바보상〉이란 시의 마지막 연의 글귀가 가슴에 와 닿는다. '아름답고 구슬픈 추기경의 선종이 세상 만장을 휘날리며 무지갯빛 경전을 새기고 있다.'

특히 고 김 추기경님이 남기신 말씀 중에는 우리들의 삶의 지표가 되고 방향을 제시해 주는 말씀이 많았으며 비문에 새길 목표와 성경 구절이 마음에 와 닿는다.

'너희와 모든 이를 위하여'라는 사 목표와 가장 좋아하셨다는 성경구절 '시편 23장 1절 : 주님은 나의 목자시니 나는 아쉬울 것이 없어라.'라는 글귀다. 아무튼 고 김 추기경님의 장례 미사는 수많은 사람들이 선종을 애도하고 이별의 아쉬움 속에 눈물을 흘리며 장엄하고 아름답게 치러졌다.

그동안 우리 곁에서 마음과 정신의 버팀목이 되어 꿋꿋이 지켜주던 큰 별님이 이렇게 우리 곁을 훌쩍 떠나버리셨다. 그러나 고인의 선종은 메마른 인정 속에 이기적이고 각박한 우리 사회 정서를 조용히 바꿔 놓은 느낌이 든다. 경제 위기와 물질 만능주의로 분열된 민심과 힘겨워하는 마음을 감동시키고 사랑과 긍정의 힘으로 부활시키고 있는 것 같다.

나는 이번 고 김 추기경님의 선종과 장례 미사를 통하여 인간의 삶에 대해서 다시 한 번 생각하게 되었다.

지금까지 나는 생명을 지닌 한 인간으로서 가장으로서 가정을 지키며 교육자로 이세 교육을 위해 책임과 의무를 갖고 충실하였을 뿐 얼마나 사회에 봉사하고 헌신하였는지는 의문이 간다.

남은 생을 어떻게 보람 있게 살 것인가? 큰 별은 못 되어도 작은 별이라도 되어 빛을 발해야 할 텐데….

갑자기 맹자의 군자유삼락君子有三樂의 두 번째 구절이 머리에 떠오른다. '앙불괴어천 부부작어인仰不愧於天 俯不怍於人 : 우러러 하늘에 부끄럽지 않고 굽어보아도 사람들에게 부끄럽지 않는 삶'이란 뜻이다.

이제라도 남은 생을 보람 있고 바른 삶을 위하여 꾸준히 노력해야겠다. 사랑과 봉사, 희생정신을 바탕으로 작은 힘이나마 빛이 되고 소금이 되어 사회에 봉사하고, 정도正道를 걸으며 불의를 배척하고 정의를 신봉하는 인간으로 만인의 머릿속에 남는 삶을 살리라 다짐해 본다.

(2009. 2. 20.)

마음의 병病

우리는 가끔 '걱정도 팔자여!'라는 말을 한다. 사람은 누구나 걱정과 함께 살아가며 쓸데없는 걱정으로 시간을 허비하기도 한다. 자기 자신의 부정적인 생각과 판단으로 걱정을 만드는 사람이 있는가 하면 지혜롭게 걱정을 삶에 도움이 되도록 만들어 가는 사람도 있다.

나는 며칠 전에 2년마다 정기적으로 하는 국민건강검진을 위해 기왕이면 큰 병원에서 해보고 싶어 전북대병원에 갔다. 간단한 신체검사에 이어 중요한 혈액검사, X-레이 촬영, 소변검사 등을 마치고 마지막으로 위내시경 검사를 시작하였다.

그런데 웬 청천병력 같은 소리인가? 체하거나 감기로 병원 한 번 가본 일이 없었는데 가슴이 철렁 내려앉는 말을 하였다. "위염 같은데 조금 의심스러우니 조직검사를 해봅시다." 3~5분이면 끝날 검사를 약물반응검사, 조직검사를 위한 살점을 떼어내는 등 약 20여 분을 식도를 거쳐 위까지 넣은 호스를 휘저어가며 검사를 계속하였다. 거북스럽고 고통스러운 구토를 참으며 눈을 지그시 감았다 떴다 하였다. 나도 모르게 볼에 주르르 흘러내리는 눈물을 훔치며 참고 있으려니 황소가 도살장에 끌려가며 왕방울만 한 눈에서 흘리는 눈물이 연상되었다.

벌써 내가 다 살았나? 혹시 '암' 초기인가, 아니면 수술도 할 수 없을 정도로 위험한가? 불순한 생각이 검사하는 짧은 동안에 스치고 지나갔다. 가족은 물론 옛 추억, 친구들 그리고 요즈음 가족처럼 매일 생활에서 접하는 사람들 생각이 떠올랐다.

검사결과를 보러 닷새 후에 오라고 하였다. 괜찮을 거야! 혼잣말로 중얼거리며 마음을 다독여 보았지만 병원 문을 나서면서부터 또 온갖 생각과 걱정이 시작되었다.

집에 돌아와 생명보험증권도 뒤적여보고 집 문서도 가지런히 정리해 두었다. 아내는 사서 걱정을 한다고 핀잔을 주며 하나님이 다 치료해주시며 절대 암이 아니라고 나를 안심시키려고 애를 썼다.

매일 한나절씩 정신수양 삼아 들러 수련하는 마음의 쉼터인 서실에서 심각한 표정을 지으며 농담을 건넸다. 세상 살기 괴로우니 노대통령처럼 유서 한번 써볼까요? 무슨 그런 농담을 하느냐고 핀잔을 준다. 잊으려고 해도 마음의 집착에서 벗어나지를 못하고 생각의 테두리 안에서 맴을 돈다.

지루하고 초조하게 기다리던 검사 결과를 보는 날 아침이 밝았다. 11시에 예약되어 있는데 10시도 안 되어 병원에 도착하여 결과를 알려달라고 졸라댔다. 진찰실 앞에서 기다리고 있으려니 마치 죄를 지어 법정에 심판받으러 온 죄인 같은 기분이 들었다.

내 이름을 불렀다. 조심스럽게 노크를 하고 진찰실로 들어갔다. "앉으세요." 의사 선생님 말이 떨어지기가 무섭게 "암이에요?" 초조한 마음을 가누지 못하고 반문하였다.

의사 선생님께서 빙그레 웃으며 "아니에요. 노년기에 흔히 생기는 위염입니다. 걱정했어요?" 하며 위로의 말을 건넨다. 나도 모르게 후- 하고 깊은 한숨을 내쉬었다. 맵고, 짜고, 자극성 있는 음식만 조심하라 했다. "술은 먹어도 괜찮아요?"라고 묻자 나를 빤히 쳐다보시더니 "담배, 술은 안 좋지요." 한다. 알면서 묻냐는 듯 엷은 미소를 지었다.

별로 걱정을 안 해도 된다는 반가운 말을 들었지만 지난 5일 동안 지나치게 집착하고 긴장하며, 걱정을 한 탓인지 오히려 기운이 다 빠진 느낌이 들었다. 그동안 쓸데없는 공상과 걱정을 얼마나 했던가? 아무 도움도 되지 않았는데….

나는 이번 기회를 통하여 부정적인 생각과 조급한 마음이 얼마나 어리석고 미련한 행동인가를 깨달았다. 결과를 보지도 않고 혼자 판단하고 자책하고 부정으로 일관했던 나의 모습에 부끄러운 생각이 들었다.

근심과 걱정을 소망으로 바꾸어 생각했더라면 '자도 걱정, 먹어도 걱정'에서 벗어날 수 있었을 텐데….

또한 이번 기회를 통하여 건강의 중요성을 절실히 느끼고 '건강은 건강할 때 지켜야 한다.'는 말을 다시 한 번 깨달았다. 옛말에 '재산을 잃는 것은 조금 잃는 것이요, 건강을 잃는 것은 모두 잃는 것이다.'라는 말도 실감이 났다.

얼마 전에 ≪긍정의 힘≫이란 책에서 읽은 한 구절이 생각난다. '인생은 기대한 만큼 이룬다. 믿음의 눈으로 긍정적 생각을 품은 인생은 긍정적 방향으로 흘러가고 부정적 생각에 사로잡혀 있는 인생은 꼬이게 마련이다.'

마음의 병이 얼마나 무서운가를 깨달았으니 매사를 믿음의 눈으로 보고 긍정적인 생각을 갖고 느긋한 마음으로 살아야겠다고 생각했다.

(2009. 6. 5.)

기다리는 마음

오늘처럼 하루가 길고 지루하게 느껴진 적은 없었다. 아들 딸, 모두 출가하여 먼 곳에 살다 보니 보고 싶고 허전하여 적막감이 온통 집 안을 감싸는 느낌이 드는데, 그제 아내가 군산 모 기도원에서 하는 수련회에 다녀온다고 집을 비웠다. 그동안 덩그러니 큰 집에서 두 내외가 지내다 보니 텔레비전이 유일한 벗이요, 독서하고 도란도란 생활 이야기 나누는 것이 전부였다.

이처럼 변화 없는 생활에 이것이 노후 생활인가 싶고 서글픈 생각이 들기도 한다. 혼자 쓸쓸히 지내며 나들이한 아내를 기다리다 보니 인간의 삶에서 대화의 필요성과 가족이 함께 오순도순 산다는 것이 얼마나 소중한가를 새삼 깨닫게 되었다. 아침 해가 밝아오자 오늘은 오겠지! 하고 잔뜩 기다림 속에 마음 설레었는데 하루 더 있다 온다는 전화에 온몸의 힘이 쭉 빠지는 것 같았다. 아내의 말이 끝나기도 전에 “밥 한 양푼 삶아놓고 고려장시키려는 거야? 고무신 거꾸로 신으려는 것은 아니겠지!” 퉁명스럽고 볼멘 말투로 되받았다.

나는 이번처럼 기다림에 대해서 깊이 생각해 본 일이 없다. 기다림은 지루하지만 기대와 설렘이 있기에 참고 견딜 수 있다. 또한 기쁨과 슬픔이 가져다주는 마음속의 힘이 있기에 사랑과 희망의 탑도 쌓아보고 명상 중에 떠오르는 장면을 그려보기도 한다.

기다림은 우리 생활 속에서 중요한 약속의 실천이기에 소중하게 여기고 즐거운 마음으로 때로는 초조하게 지키려고 노력하는 것 같다.

기다림은 어떻게 보면 세월의 기다림이요 시간의 기다림이기도 하다. 기다림 속에서 삶이 진행되고 성취되어 감을 볼 수 있다. 서로 사랑하는 젊은이들이 오랜 기다림 속에서 결혼을 하고, 병마 속에서도 생명의 끈을 놓지 않고 이겨내어 건강을 되찾는 사례도 얼마든지 볼 수 있다.

그런가 하면 할머니 이마의 주름살과 으등거려진 손등은 인고의 세월을 참고 살아온 기다림의 표상이다. 멀리 떠나 돌아오지 않는 남편을 그리워하던 아내가 하염없이 기다리다가 죽어서 돌로 변했다는 망부석에 얽힌 전설도 있다.

이처럼 조상 여인들의 지조 있고 순결한 기다림이 있었기에 오늘날 사랑하는 연인을 기다리는 지고지순함이 존재하지 않는가 생각도 된다.

인간의 삶은 어떻게 보면 소망과 꿈을 이루기 위한 기다림의 연속이다. 그래서 기다림이 있다는 것은 행복한 일이다.

그러나 기다리는 마음이 꼭 기대와 설렘, 기쁨만을 주는 것만은 아닌 것 같다. 중병에 걸려서 시한부 인생이 된 사람의 기다림, 사형선고를 받고 사형집행 날짜를 기다리는 가슴 아프고 슬픈 기다림도 있다. 또한 바쁜 하루의 일상생활 속에서 기다림은 지루하여 짜증이 나고 피곤하여 괴로울 때도 있다. 공공장소에서 긴 줄을 서서 순서를 기다리거나 터미널에서, 은행에서, 수돗가에서, 마트 계산대에서, 화장실 앞에서의 기다림은 괴롭다. 그러나 공중도덕과 질서는 지켜야 밝고 아름다운 사회가 이룩될 것이다.

기다림이 이렇게 공간과 시간, 삶의 모든 면에서 이루어진다는 것을 생각하며 헤아리다 보니 어린 시절이 머릿속에 스쳐간다. 시골 장날이면 장에 가셔서 무엇을 사오실까? 언제 돌아오신다는 기약도 없는 엄마를 몇 시간이고 사립문 밖에서 발을 동동거리며 기다렸다.

'엄마가 섬 그늘에 굴 따러 가면 아이가 혼자 남아 집을 보다가…' 목이 쇠도록 즐겨 불렀던 동요가 있다. 엄마를 얼마나 기다렸으면 기다리다 지쳐 잠이 들었을까? 또 가곡 한 소절이 생각난다. '기다려도 기-다려도 임은 오지 않고/ 빨래소리 물레-소리에 눈물 흘렸네.' 임을 하염없이 기다리는 애끊는 마음을 너무도 잘 표현한 것 같다.

기다림은 기쁨과 설렘이라는 마음의 표상이기에 꿈을 키우기 위해 노력하고, 고난과 역경 속에서도 참고 견디어 소망을 이루는 것이다. 또한 기다림은 도덕성을 필요로 한다. 공공장소에서는 남에게 해가 되지 않도록 공중도덕과 질서를 잘 지키고 기다리는 마음의 여유와 노력이 필요하다.

오늘은 올 테지! 하는 기대와 설렘 속에 기다리다 보니 그동안 무심코 지냈던 내 마음의 자세와 태도 그리고 지난 세월 부부간의 정을 새삼스럽게 생각하게 되었다. 오랜만에 가져본 아내에 대한 고마움과 애정을 생각하며 기다린다. 지난 삶의 추억을 되새겨보고 좀 더 희생과 봉사로 가정을 위해 헌신하며 기다리는 삶을 살리라 다짐해 본다.

(2009. 7. 5.)

노후를 아름답게

무더운 여름에는 어김없이 남천교 밑에 사람들이 많이 모인다. 전주천 큰다리 밑에서 더위를 피해 몇 명씩 옹기종기 모여 시간을 보내고 있다. 그동안 나는 다리 밑에 모여서 노는 광경을 힐끗힐끗 쳐다보며 아무 관심 없이 지나쳤다. 그런데 오늘은 왠지 무엇을 할까? 하는 궁금증이 생겨 직접 확인해보고 싶은 마음에 남문 천변 고수부지 주차장에 차를 주차해 놓고 살금살금 다가가 보았다. 모두 칠순이 넘어 보이는 할아버지들이 밥상보다 조금 큰 탁자를 놓고 군데군데서 100원짜리 고스톱을 하고 있었다. 그런 탁자가 20개쯤 되어 보이고 귀퉁이 한곳에서는 아줌마들이 술과 국수를 팔고 있었다.

돈이 없어 판에 끼지 못한 한 노인이 막걸리 몇 잔에 취했던지 중언부언하자 노점에서 음식을 파는 아줌마가 다리 밑을 전세나 얻은 것처럼 고래고래 소리를 지른다. "술을 거꾸로 먹었는가 봐. 내일부터는 나오지 마시오!"

참 재미있고 웃기는 세상이다. 돈이 없어 노는 판에 끼지 못한 것도 서러운데 딸 같은 아줌마한테까지 홀대를 받으며 핀잔을 듣는다. 나이도 인격도 필요 없고 돈이 판을 치는 세상이구나! 나도 모르게 중얼거리고 씁쓸한 웃음을 지으며 발길을 돌렸다.

나는 이마의 주름살만큼이나 깊게 파인 인생의 나이테 6부 능선 중반쯤 되니, 그동안 삶을 뒤돌아보고 노인들의 생활 모습을 눈여겨보는 습관이 생겼다.

목적 없이 다리 밑이나 공원 큰 나무 밑에서 놀이로 소일하는 노인들이 있는가 하면, 노인복지관, 교육문화회관, 동사무소 복지관 등에서 취미와 소질에 따라 다양한 프로그램 중 2~3가지를 골라 수련하는 노인들도 있다. 이러한 정서적인 생활 외에도 요가, 헬스, 건강 체조, 등산, 구기운동 등 건강관리에 힘쓰는 노인들도 있다.

또 한 부류가 있다. 경제적인 여유가 없고 자녀들의 무관심으로 제복을 입고 길거리에서 담배꽁초나 쓰레기를 줍고 잡초를 제거하여 몇 푼 안 되는 일당을 벌어 생계를 유지하는 노인들.

이런 노인들을 보면 가슴이 아프고 좀 더 복지제도가 잘되었으면 하는 생각이 든다. 이 밖에도 젊은 세대들의 생활환경 변화로 맞벌이 부부가 늘면서 꼼짝도 못하고 얽매어 손자손녀를 돌보는 신세가 된 노인들도 많다. 고향의 정자나무 밑 모정이 생각난다. 여름이 되면 고달픈 농사일을 하다가 점심을 먹고 더위를 피하고 잠깐 휴식을 취하기 위해 모정에 모였다. 딱딱한 나무 목침을 베고 잠시

낮잠을 자기도 하고 농사 이야기, 생활 이야기꽃을 피우던 모습이 눈에 선하다. 지금 생각하면 늙어서까지 고달픈 농사일을 하는 것도 안되었지만 문화 혜택을 받지 못하고 오직 자식들 뒷바라지만 하다 생을 마친다는 것이 더 가슴 아프다.

돌이켜 생각해 보면 누구나 빈손으로 태어나 각기 다른 생활환경 속에서 자라며 철이 들면서부터 꿈을 갖고 어디에서든지 조연이 아닌 주연이 되어 화려한 조명 아래 박수를 받고, 성공하기 위해 발버둥을 쳐왔을 텐데….

지금에 와서는 이렇게 각기 다른 생활환경 속에서 노년기를 보내고 있다. 그러나 요즘처럼 복지시설과 복지제도가 잘되어 있는 현실에서 아무 희망도 보람도 없이 소일해서는 안 된다고 본다. 어떤 사람들은 조명받고 화려했던 주인공 시절만 회상하며 한데 어울려 배우는 것을 꺼리는 사람들도 있다. 그런가 하면 비록 주연을 못하였어도 조연으로 만족하고 열심히 근무하던 습관으로 사회에 봉사하고 개인 소질과 취미를 기르고 가꾸며 소일하는 노인들도 많이 있다.

나는 위 양자의 생활태도를 비교해 볼 때 전자의 배타적이고 자만에 찬 주연보다는 후자의 조연으로 만족하고 사회에 봉사하며 남을 배려하는 정신으로 살아가는 것이 더 바람직한 노후 생활이 아닌가 생각한다.

노후 생활의 삶을 생각하다 보니 언젠가 인터넷을 뒤적이다 〈50세가 넘으면〉이란 글 중에 인생을 축구경기에 비유한 구절이 생각난다. '인생은 축구경기와 같아서 25세까지는 연습기간, 50세까지는 전반전, 75세까지는 후반전, 100세까지는 연장전'이라고 표현했다. '따라서 새로운 인생이 시작된다는 것을 시인하고 희망을 갖고 살자.'라는 재미있는 말이 있었다. 이 글귀를 보면서 우리가 비록 전반전에서 주연을 못하고 조연을 하였다면 후반전이나 연장전에서 터질 인생의 멋진 결승골을 기대하면서 희망을 갖고 살자고 말하고 싶다.

인생은 60부터라지만 누가 뭐래도 칠순이 가까워지면 인생의 황혼기에 접어들었다고 볼 수 있다. 그러나 마음만은 항상 희망과 밝은 생각을 갖고 노심을 내려놓고 푸르게 청심으로, 욕심을 버리고 맑고 깨끗한 마음으로 살았으면 하는 생각이다.

또한 남에게 의존하려는 생각을 버리고 나만큼 고생한 사람, 나만큼 외로운 사람, 나만큼 노력한 사람 등 자신에 대한 자학과 연민에서 벗어나 이제는 현실을 냉철하게 관찰, 판단하고 계획을 세워 노후의 꿈을 아름답게 가꾸고 장식했으면 싶다.

(2009. 8. 9.)

아내가 뿔났다

작년에 보았던 TV드라마가 지금도 가끔 생생하게 떠오를 때가 있다. 〈엄마가 뿔났다〉라는 드라마다. 대가족 집안에서 평생을 빛이 나지 않는 집안 살림하느라 생활에 찌든 엄마가 삶에 지쳐 권태를 느낀다. 마침내 엄마는 탈출구를 찾아 집을 나와 잠시 혼자 생활하는 황당한 사건을 엮어가는 드라마다.

처음에는 온 가족이나 시청자들이 의아해하고 이해를 하지 못했으나 삶에 변화를 주고 자유를 얻고자 도전하는 엄마의 역할에 모두 수긍했다. 이처럼 드라마에서나 있을 법한 일이 우리 집에 현실로 닥쳐왔다.

서예 학원에서 글씨를 쓰고 집에 돌아와 보니 아내가 아무 말 없이 집을 나가고 없었다. 해가 넘어가도록 연락이 없어 기다리다 못해 핸드폰 연락을 해 보았더니 군산 모 기도원에 있다며 잠시 자신을 돌아보고 자유를 느끼고 싶다는 것이다. 너무도 황당한 일에 기가 막혔다. “허! 참 별꼴을 다 보겠네.” 혼잣말을 하며 힘없이 전화를 끊었다.

이틀 사흘이 지났다. 커다란 집에서 단 둘이 비둘기처럼 살다가 혼자 덩그러니 앉아 있으려니 적적하기도 하고 나 혼자 외딴섬에 떨어져 있는 느낌이 들었다. ‘누가 데리러 가나 봐라, 오려면 오고 말려면 말어.’ 중얼거리면서 이 방으로 저 방으로 왔다 갔다 하며 노래도 불러본다. ‘일출봉에 해 뜨거-든 날 불러주오-/ 월출봉에 달 뜨-거든 날 불러주오-/ 기다려도 기—다려도 임은 오지 않고…’ 가곡도 불러보고 ‘미워도 한세상 좋아도 한세상/ 웃음을 달래며 알뜰히 살리라…’ 대중가요도 불렀다. 이번에는 텔레비전 채널을 이리저리 돌리며 혼자 멍하니 바라본다. 무엇을 해도 쓸쓸하고 허전하기는 마찬가지다. 가족이 한데 모여 살고 대화 상대가 있다는 것이 얼마나 중요한가를 새삼 깨달았다. 또한 질병, 빈곤, 고독, 무위無爲를 가리켜 ‘노인의 4고苦’라 하더니 그렇구나 싶어 고개가 끄덕여지고, 그래서 혼자 되면 고독을 못 이겨 생명이 단축된다는 말이 이해가 되었다.

오늘이 닷새째 되는 날이다. 그동안 삼시 세끼 매식을 하였더니 밥 사먹으러 나가기도 귀찮고 청승맞아 보일까 망설여지고, 갈수록 발걸음이 떨어지지 않는다. 참 이상한 일이다. 사먹으면 매끼 반찬도 좋으련만 왜 이리 질리고 먹기가 싫은지! 할 수 없이 오늘은 아침을 먹자마자 아내 있는 곳을 찾아갔다. 뼈만 앙상하게 남은 아내를 보자 나도 몰래 눈물이 왈칵 쏟아질 것 같았다. 놀란 표정을 짓자

금식을 하는 중이라고 했다. 이게 무슨 짓이냐고 다그치자 이해해 달라 했다. 〈엄마가 뿔났다〉 연속극도 못 보았느냐고 오히려 반문한다. 나는 지금까지 해바라기처럼 당신만 바라보고 우리 가정을 위해 헌신 봉사하며 가정부처럼 살았는데 이제는 자신을 돌아보고 자유로운 생활을 하고 싶으니 방학 주었다 생각하고 한 달만 시간을 달라는 것이다. 어이가 없어 말이 안 나왔다. 아무리 가자고 설득을 해 보아도 소용이 없었다. 할 수 없이 건강관리 잘하라고 당부하고 돌아서려니 가슴이 아프고 눈물이 나와 간신히 마음을 추스르고 자동차 페달을 밟았다. 전주로 오는 내내 지난날의 우리 부부간의 생활이 뒤돌아봐졌다.

갑자기 아내에게 미안한 생각이 든다. 핑계 같지만 부모님 모시고 살았기에 장난은 그만두고, 너털웃음 한번 크게 웃으며 사랑한다는 말 한 마디 변변히 못하고 지내온 것 같다.

아내가 뿔 날 만도 하다. 몇 년 전까지만 해도 시할머니, 시어머니 층층시하 어른을 모시고 3남매 아이를 기르느라 고생한 줄 왜 모르겠는가? 이제 아무 걱정 없이 행복하고 평안한 생활로 황혼을 마칠까 했는데 아내는 그동안 못다 한 일들이 아쉬운 모양이다. 더구나 독실한 기독교 신자로 이상과 현실을 잘 구분하지 못하고 신앙생활에 너무 집착하는 것 같아 나는 항상 걱정이고 불만이었는데….

아무튼 진하게 토라진 아내의 마음을 어떻게 달래주어야 할지 걱정이다. 우리보다 못한 가정환경도 많은데 이해를 못하고 뿔이 났을까? 한편으론 서운하면서도 마음 상하고 건강해칠까 봐 걱정이다.

드라마에서 그랬듯이 아내의 입장을 다시 한 번 생각하고 느긋하게 기다려야겠다. 그동안 삶에 지친 스트레스를 푸는 과정일 거라 이해하고, 따뜻한 마음으로 감싸주리라 다짐해 본다.

(2009. 8. 20.)

젓가락 장단

툭탁 툭탁!

오랜만에 쳐보는 젓가락 장단! 얼마 만에 쳐보는 장단이며 정겨운 풍경인가?

시골 고향에서 살 때 친구들과 또는 직장 동료들과 일과를 마치고 지친 몸을 달래기 위해 가끔 동구 밖이나 골목길 주막집에 들렀을 때 볼 수 있었던 풍경이 아니었던가? 이젠 한 토막의 기사와 같고 아스라이 멀어져간 옛날 영화의 한 장면을 회상하는 것 같다.

오늘은 날마다 오후에 모여 붓글씨를 쓰는 서예 동호인들과 스산한 초겨울 날씨를 핑계 삼아 오랜만에 막걸리 한잔 하자는 제의에 발길을 옮겼다. 막걸릿집 문을 열고 들어서니 서너 명씩 옹기종기 모여 시끌벅적하게 술을 마시는 풍경이 옛날 같지는 않지만 그런대로 주막집 같았다.

우리도 정담을 나눌 겸 방으로 자리를 잡고 앉았다. 흰 사발에 넘실넘실한 술을 손가락으로 휘휘 저어가며 한 잔 한 잔 마시다 보니 취기가 돌았다. 누가 꺼냈는지 옛날 막걸리 마시던 주막집 이야기가 나오고 젓가락으로 상 두드리던 이야기가 나왔다. 옆에 앉아 있던 회원이 "문패도 번지수도 없는 주막집 궂은 비…" 한 대목을 뽑자 마주 앉은 원로 회원이 젓가락 장단을 친다.

'툭탁 툭탁 툭 타타탁…' 많이 쳐본 솜씨다.

젊은이들은 손뼉을 치고 "어머머 선수야, 짱이야!"를 연발하며 박장대소를 하고 눈이 동그래진다. 아닌 게 아니라 많이 쳐본 솜씨다.

흥이 나서 상이 부서져라 흥겹게 젓가락 장단을 친다. 자세히 들어보면 네 박자도 아니고 뚜렷한 세 박자도 아니다. 노래에 맞추어 높낮이 가락도 없이 그저 리듬에 맞게 그냥 두들겨도 흥에 겨워 어깨가 들썩들썩해진다.

"홍도야 울지 마라, 오빠가 있다." 나도 몰래 젓가락을 두들기며 불러 봤다. 참 오랜만에 쳐보는 젓가락 장단이다. 옆에 있는 젊은이들이 흥이 났는지 짠, 짠, 짠 입으로 소리 내어 장단을 맞춘다. 밖에서 술 마시는 손님들이 신기했던지 멍하니 쳐다본다. 오랜만에 보거나 처음 보는 풍경인가 보다.

곰곰이 생각해 보니 그럴 만도 하겠다는 생각이 든다. 요즈음은 술 먹고 취기가 돌면 흥을 풀기 위해 노래방, 단란주점, 나이트클럽 등으로 자리를 옮겨 노래 반주기에 맞추거나 밴드에 맞추어 흥을 푸는데 툭탁 툭탁 젓가락 장단을 치니 어찌 이상하지 않으랴?

앞앞이 하얀 사발 가득 넘실넘실 막걸리 따라주며 형님 먼저 아우 먼저 우정 다지고 허기진 배고픔 달래주던 동구 밖 주막집, 그때 그 시절이 그리워진다.

옛날 추억 속에 그리움과 아쉬움을 가져다주는 이야깃거리가 어디 한두 가지뿐이랴! 헤아릴 수 없이 많지만 하루가 다르게 변해가는 생활환경에 적응하다 보니 까맣게 잊고 살기 일쑤다.

급속도로 발전하는 물질문명이 의식주 생활을 변화시키고, 생활문화까지도 변화시켜 놀이문화뿐만 아니라 음식문화도 크게 달라진 것 같다.

요즈음에는 자연 속에서 얻어지는 각종 식품재료를 선호하여 구입하려고 하는가 하면 옛날의 생활 모습을 재현해보고자 고적지 탐방, 전통 민속놀이 체험 등 현장체험 프로그램이 다양하게 곳곳에서 운영되고 있다.

이러한 생활 모습의 변화 속에서 나는 지금도 겨울만 되면 눈싸움, 팽이치기, 연날리기, 썰매타기 등 전통놀이가 그립고 동심으로 돌아가 해보고 싶은 생각이 든다.

놀이 문화 중에서 농악놀이에 대한 아쉬움이 항상 머리에서 떠나지를 않는다.

'꾸굉맹메 꾀갱꾕' 고향 마을에서 명절 때 풍물 치는 어른들 뒤를 따라다니며 손뼉을 치던 어릴 때 모습이 지금도 눈에 선하다. 그러나 요즈음은 축제 행사에서나 농악놀이를 가끔 볼 수 있어서 아쉬움이 크다.

이제는 놀이문화가 변화되어 어른들은 농악놀이 대신 노래방에서 즐거움을 찾고, 어린이들은 팽이치기, 연날리기, 자치기 등 민속놀이 대신 컴퓨터게임을 한다.

이와 같은 현실에서 오랜만에 막걸리를 마시며 젓가락 장단을 치니 감회가 새롭고 옛날 생각이 자꾸 머리에서 맴돌았다. 주위 손님들에게는 폐가 되었을지 모르지만 질그릇 뚝배기에 보글보글 끓는 된장찌개 같은 구수한 옛날 그 시절을 더듬는 흥겨운 시간이었다.

(2009. 12. 2.)

명필名筆의 필력筆力은 살아 있다

우리는 글씨 잘 쓰는 사람을 가리켜 명필이라고 한다. 조상들 중에는 명필가가 수없이 많지만 명필가 하면 흔히 한호 한석봉 선생이나 추사 김정희 선생을 꼽는다. 가만히 생각해 보면 명필이든 명인이든 명名 자가 붙은 사람이나 물건은 모두 훌륭하고 좋은 것 같다.

명인, 명필, 명검, 명가수, 명감독, 명기, 명과, 명당, 명문가, 명배우, 명창, 명산, 명사 등 헤아릴 수 없이 많다.

그러면 명자가 들어가는 낱말의 쓰임을 좀 더 알아보자. 나는 요즈음 TV 드라마 중에서 사극을 즐겨 보는 편이다. 사극에서는 나라를 지키기 위하여 목숨을 걸고 싸우는 명장들의 용감한 모습과 문화, 학문에 깊이 이름을 남긴 명사들의 모습을 흔히 볼 수 있다. 그런가 하면 명검을 차지하기 위하여 목숨을 걸고 싸우기도 한다. 사극하면 으레 가무에 능하고 미모가 뛰어나서 관기로 뽑힌 명기가 등장한다. 이외에도 명문가의 양반과 상민의 신분을 나타내는 배우들이 등장하여 조상들의 생활과 사건을 엮어간다.

텔레비전 프로 중 또 하나 빼놓지 않고 즐겨 보는 프로가 있다. 그건 바로 〈진품명품〉이다. 이 프로는 조상들의 생활풍습, 학문, 생활 정도 등의 진면목을 한눈에 볼 수 있어서 좋다.

엊그제 〈진품명품〉 프로에서 서예작품이 고가高價로 감정되는 것을 보고 놀랐다는 이야기를 서예학원에서 하고 있는데 오랜만에 반가운 손님이 찾아왔다. 3년 전까지 가람서실에서 정담을 나누며 서예에 매진했던 지당池塘 선생이다. 사업상 붓을 놓았다가 시간 여유가 생겨 다시 서실에 나왔다고 한다. 그때만 해도 서실의 선배이자 글씨를 잘 써서 우리는 명필 작가님이라고 불렀다. 다정다감하고 인성이 좋아서 부러움과 사랑을 받은 여류 작가님이다. 오랜만에 보니 반갑기도 하고 오래 쉬어서 글씨는 많이 무디어졌을 텐데… 하고 걱정스러운 생각이 들었다. 그러나 그런 생각은 나의 기우杞憂에 지나지 않았다.

오랜만이지만 글씨 쓰는 모습, 솜씨, 필력은 한 점 흐트러짐 없이 옛날 그대로다. 나도 모르게 '야!' 하고 감탄하며 "노병은 살아 있다고 하더니 대단하네요." 하고 찬사의 말을 하며, 한동안 글씨 쓰는 모습을 넋을 놓고 바라보았다.

정말 대단한 솜씨다. 여기저기서 칭찬과 격려의 말이 쏟아진다. 어쩜 저렇게 자유자재로 역입, 중봉을 하며, 필력 또한 여전할까? 언제쯤이나 나는 저렇게 쓸 수 있을까. 내 마음에 용기가 생기기는 커녕 자신이 없고 자포자기하고 싶은 마음이 앞섰다.

"노력한 만큼 결과는 나타난다. 붓은 거짓말을 하지 않는다."라고 원장님께서는 항상 말씀하시지만 왠지 오늘은 타고난 선천적인 소질과 재능이 있어야 하지 않는가 하는 생각이 자꾸 든다.

이렇게 우리 주변에서 남달리 조금만 잘해도 명名 자를 붙여 부르는데 나라에서 인정하는 명인, 달인들은 얼마나 훌륭한 기능을 가지고 있을지 가히 짐작이 간다. 더구나 문화적으로 보존 가치가 있어 지정한 무형문화재나 인간문화재는 오죽하랴? 나라에서는 사라지고 잊혀져가는 것들을 보존하기 위해서 무형문화재로 지정 보호하며, 예술적으로 높은 가치와 문화적 기능을 지닌 사람을 인간문화재로 지정 그 기능을 계승 발전시키도록 하고 있다. 그러나 무형문화재 제작 및 표현 기능을 배우려는 문하생이 없어 전수가 어렵다고 하니 안타까운 일이다.

세월이 흘러도 고유의 가치나 실력이 변하지 않고 그 기능이 살아있고 아름다운 자태를 지니고 있는 것이 명품이요 명인인 것 같다.

이러한 명품을 잘 보존하고 명인의 기능을 후손에 잘 전수해야 할 것이다. 요즘 달인 찾기 프로를 보면 각 분야에서 정말 대단한 기능을 갖고 있는 사람이 많다. 달인이란 인증서를 받기까지 얼마나 오랜 세월 피나는 노력을 했을까? 노고에 격려와 찬사를 보내주고 싶다. '노력은 성공의 어머니'라는 격언을 생각하며 자포자기보다는 용기를 내야겠다. 비록 명필은 못 될지라도 서예 애호가로서 정서순화와 취미생활을 위해서라도 남은 생을 꾸준히 노력하리라 다짐해 본다.

(2010. 1. 12.)

어둠을 밝혀주는 얼굴 없는 천사들

오랜만에 어둠을 환히 밝혀주는 밝고 기쁜 뉴스가 텔레비전을 통해 보도되었다.

한 해가 저물어가는 세밑이 되면 항상 마음을 훈훈하게 하는 기부의 미담이 소개된다. 오늘은 우리 고장의 자랑인 '얼굴 없는 천사' 기념비 제막식이 거행되었다는 자랑스럽고 반가운 소식이다.

'얼굴 없는 천사' 기념비를 세우게 된 동기가 소개되었다. 지난 10년간 한 번도 빼놓지 않고 해마다 연말이나 명절이 되면 전주시 노송동 동사무소 부근에 몰래 성금과 편지를 놓고 사라져 이 얼굴 없는 천사에게 고마움을 전하고, 천사의 선행을 시민 모두가 받들어 따뜻한 세상을 만들자는 뜻으로 노송동 주민센터 앞 화단에 '얼굴 없는 천사 기념비'를 세웠다고 한다.

"이 기념비가 이웃 사람의 샘터가 돼 우리 사회 곳곳에 훈훈한 인정이 넘치면 좋겠다." 라고 시장님의 축사도 있었다고 한다. 한편 얼굴 없는 천사의 선행을 알리기 위해 노송동 주민센터 앞까지의 구간을 '얼굴 없는 천사'의 도로로 이름을 붙여 조성한다고 한다.

기념비에는 **"얼굴 없는 천사여, 당신은 어둠 속의 촛불처럼 세상을 밝고 아름답게 만드는 참사람입니다. 사랑합니다."** 그리고 글 말미에 **'시민의 뜻을 모아'**라는 글을 새겨 넣었다고 한다.

이 '얼굴 없는 천사'가 기부를 시작한 것은 2000년부터이며 지금까지 열한 차례에 걸쳐 총 1억 6천만 원이 넘는 거액을 기부했다.

지난해 보내온 8천여만 원이 든 상자에는 '대한민국의 모든 어머니들이 그러셨듯이 저희 어머니가 힘들게 모으신 돈입니다. 어머니 유지를 받들어 귀중한 돈을 어려운 이웃들에게 전달해 주세요. 새해 복 많이 받으세요. 어머님! 존경합니다. 어머니 사랑합니다.'라는 글이 동봉되어 주위 사람들의 눈시울을 뜨겁게 했다. 또한 2002년에는 '소년 소년 가장 여러분 힘내세요.'라는 메모지를 남겼다.

이처럼 불우한 이웃에게 써달라면서 얼굴도, 이름도 밝히지 않고 매년 소리 없이 실천하는 천사의 선행과 미담에 온 국민은 감동하고 있다.

'너는 구제할 때에 오른손이 하는 것을 왼손이 모르게 하여 네 구제함이 은밀하게 하라.'는 성경 구절이 생각난다. 요즘같이 각박한 세상에 선뜻 거액을 기부하는 선행을 행하기가 어디 쉬운가? 남을 돕기보다는 도움을 바라고 이해득실을 따져 나에게 득이 되는 쪽으로 행하며, 양보하는 미덕은 찾아볼 수가 없다. 심지어 법을 어기면서까지 쟁취하려는 생각이 만연되어 있다.

그러나 꼭 그렇게 부정적이고 절망적인 행위와 나쁜 사람들만 있는 것은 아니다. 우리 고장 전라북도에서는 얼굴 없는 천사들의 기부문화가 활짝 꽃피어 자랑스러운 고을로 부르고 있다.

도내 곳곳에서 익명으로 기부한 성금의 손길이 마치 이어달리기 경주를 하는 것처럼 이루어지고 있다. 이 얼마나 자랑스럽고 고마운 일인가? 마치 어둠 속에 촛불을 밝히듯 세상을 아름답게 가꾸는 선구자가 아닌가.

우리 주변에는 악착같이 모으고 절약하여 아낌없이 기부하는 천사들이 많이 있다. 평생을 홀로 국밥 장사를 하여 모은 전 재산을 불우한 이웃에 써달라고 기부하는가 하면 평생 못 먹고 못 쓰며 모은 전 재산을 인재양성에 써달라고 대학교 장학금으로 내놓는 분들도 있다.

오늘도 텔레비전 뉴스 말미에서 불우이웃돕기 성금 기탁자 명단을 소개한다. 저 산간벽촌 두메산골에서도 섬마을에서도 작은 성의지만 성금 모금에 동참하고 있다.

사랑의 이웃돕기 온도계가 날로 올라가고 있다. 우리 사회가 선진화되어 나누는 문화가 자리 잡아 가는 한 단면이 아닌가 생각된다.

'오드리 헵번'이 아들에게 남긴 한 대목의 말이 생각난다. '한 손은 너 자신을 돕는 손이고 다른 한 손은 다른 사람을 돕는 손이다.'

이 말은 얼굴 없는 천사들의 선행과 같이 사회에 봉사하고 헌신하는 삶을 살라는 뜻이리라.

얼굴 없는 천사의 뜻을 기리기 위해 기념비를 세우고 천사도로를 만드는 것은 참으로 바람직한 일이라 생각한다. 천사 같은 이분들의 따뜻한 마음과 기부문화가 귀감이 되어서 우리 사회 곳곳이 훈훈한 정으로 가득 차고 희망사회가 이룩되고 기부문화가 확산되었으면 좋겠다.

(2010. 1. 23.)

삶의 하모니

오랜만에 아내와 함께 영화를 보기 위해 집을 나섰다. 무슨 영화를 볼까 설레는 마음으로 매표소 앞에서 서성였다. 모두 외국영화이고 〈의형제〉와 〈하모니〉가 한국영화였다.

무슨 영화를 볼까 판단이 서지를 않아서 입장권 판매하는 아가씨에게 무슨 영화가 재미있느냐고 물어 보았다. 〈의형제〉는 젊은 사람들이 많이 본다면서 약간 슬프지만 어르신들은 〈하모니〉를 보는 것이 좋겠다고 권했다.

아가씨의 의견에 따라 결정하고 나니 한편 부끄럽기도 하였다. 그만큼 나이가 들어서 문화 정보에 어둡구나 하는 생각이 들었기 때문이다.

정해진 자리에 앉으니 곧바로 영화가 상영되었다. 살인, 강도, 사기 등 저마다의 아픈 사연을 가지고 교도소에 들어온 여자 죄수

감방에서 일어나는 얘깃거리로 합창단을 조직하여 화음을 맞추고, 재소자들 사이의 우정과 어머니 자식들 간의 사랑을 그린 휴머니즘 영화였다.

주인공인 정혜는 남편을 살해한 혐의로 교도소에 수감되어 아이를 낳는다. 그녀는 특박을 받아 단 하루의 바깥세상을 만나고 싶어 우여곡절 끝에 합창단을 조직한다. 한방에 수감 중인 늙은 음대 교수의 지휘로 분란만 일으키던 여자 재소자들이 하나둘씩 똘똘 뭉쳐 멋진 화음의 중창단이 된다. 이렇게 훌륭한 합창단이 되기까지는 어려움도 많고 재미있는 장면들도 많다. 어쩔 수 없는 형편과 불행한 환경 때문에 죄를 짓고 교도소 수감생활을 하다 보니 성격이 거칠고 매사에 부정적이어서 합창단 조직도 어렵고 오디션 보는 과정도 코믹하다. 공연장에서는 귀중품이 분실되어 도둑 취급을 받고 단원들은 다시 한 번 세상의 높은 벽에 절망한다. 어려운 환경 속에서도 성공리에 합창발표를 하고 재소자들 사이에 우정을 다지며 어머니와 자식들 간의 진한 사랑을 그린 가슴 찡한 감동의 영화다. 한편 여 재소자들의 스승이요 버팀목이었던 음대 교수의 쓸쓸한 퇴장을 끝으로 아쉬움을 표현하기도 한다.

나는 이 영화를 보고 사회의 편견과 삶의 하모니를 생각해 보았다. '장발장'이 사회의 냉대와 편견 때문에 재범을 하듯이 우리 사회도 아무리 바르고 성실하게 살려고 해도 죄인이라는 낙인 때문에 멸시와 냉대 속에서 삶의 희망을 잃어버리고 전과자로 전전하는 사례를 종종 본다.

어려운 환경 속에서도 여 재소자들이 합창단 성공을 하듯이 우리 생활 속에는 하모니 즉 삶의 조화가 꼭 필요하다고 본다.

학예발표회 때마다 중창, 리듬합주 지도를 했던 생각이 난다. 알토 소프라노 어느 한 사람도 불협화음을 내면 안 되고 리듬합주 또한 아름다운 하모니를 이루기 위해서는 어떤 악기 하나 연주를 소홀히 해서는 안 된다. 그뿐만이 아니다. 단체 운동경기에서, 직장 동료 간의 생활에서, 어떤 물건의 생산과정에서 등 하모니가 잘 이루어졌을 때 보람을 찾고 목표를 달성할 수 있다.

'삶'이란 무엇일까?'

사전에서는 사는 일, 날마다의 생활, 살아 나가는 일이라고 정의하고 있다. '人(사람인)' 자가 혼자가 아닌 두 사람이 서로 기대어 살아간다고 해서 만들어졌다고 하듯이 함께 어울려 수레바퀴처럼 돌며 세파를 헤쳐 나가는 것이 인간의 삶이 아닌가 생각해 본다.

우리의 삶은 만남 속에서 이루어진다고 한다. 세상에 태어나면서 부모를 만나고, 자라면서 친구를 만나고, 성숙해가면서 사랑하는 사람을 만나 가정을 이루며 살아가고 있다. 따라서 가정에서 가족 간 삶의 하모니가 잘 이루어졌을 때 '가화만사성家和萬事成'도 이루어지리라 믿는다.

우리는 드라마나 생활 주변에서 경제적으로는 넉넉해도 가족 간의 불화로 가정이 파괴되고 사회의 낙오자가 되어 교도소에 가는 등 불행한 삶을 사는 사례를 가끔 본다. 그런가 하면 가정 형편은 곤란해도 부부간, 부모 자식 간, 형제간에 서로 돕고 웃음 속에서 화목하게 사는 가정 또한 흔히 볼 수 있다.

얼마 전 학원에서 여담으로 나누었던 대화 한 토막이 생각난다. "죽어서 다시 태어나도 지금 남편(각시)을 만나겠느냐?"는 질문에 거의 아니라고 대답했으나 유독 모 여자 회원만 또 만나겠다고 자신 있게, 그것도 몇 번을 물어봐도 "예." 하고 대답하였다. '아이구 닭살' 하면서도 한편 부럽기도 하고 정말 찰떡궁합인가 보다 하는 생각이 들었다. 얼마나 재미있게 살면 그럴까? 이런 가정이야말로 가족 간의 사랑 그리고 부부간의 진한 사랑과 신뢰가 밑바탕이 되어 삶의 하모니가 잘 이루어졌을 것이다. 그래서 언제나 웃음이 가득하고 활기차고, 행복하고 희망이 샘솟는 듯한 아름다운 모습을 지녔던 모양이다.

무엇보다 삶에 하모니가 잘 이루어지기 위해서는 앞에서 소개한 영화의 줄거리처럼 어려운 환경 속에서도 서로 이해하고 돕는 정신이 필요하다. 직장, 가정, 모임 등 어느 단체에서든지 서로 양보하고 배려하며 상호 협동하는 정신이 필요하지 않을까 생각해 본다.

(2010. 2. 27.)

아름다운 노후의 삶

올해 생일은 어쩐지 의미가 있는 것 같다. 오늘부터 만 65세가 되어 법적으로 노인이란 대우와 함께 금전적 할인 혜택을 받기 때문이다. 마침 혈압약 처방을 받기 위해 인근 병원에 갔더니 간호사 아가씨가 "이제부터는 진료비 1,500원만 내면 되겠네요."하며 빙그레 웃는다. "그래? 나 오늘부터 노인이여…."라고 맞장구를 쳐주었다. 그러나 마음 한편으로는 젊음을 잃은 것처럼 허전하였다.

오늘도 점심을 먹고 매일 가는 서예학원에 갔더니 "나이는 못 속여." "세월에는 장사 없다니까."하며 각자의 건강 이야기를 도란도란 주고받는다. 나도 임플란트를 하기 위해 치과병원에 다닌다고 하였더니 "노인이 그냥저냥 살으시지 뭘!" 하고 농담 삼아 젊은 회원이 말을 건네고 한바탕 웃는다.

'마음은 청춘인데 노인이라네….' 나도 몰래 중얼거려 본다. 가끔

들은 이야기지만 오늘따라 서글픈 감정이 든다. 왠지 죽음이라는 족쇄가 조여오는 것 같은 느낌이 든다. 아닌 게 아니라 '흐르는 세월 앞에는 장사가 없다.'는 말이 실감이 난다. 작년에 맞춘 안경도 요즈음은 침침한 것 같아 나도 모르게 벗었다 썼다를 반복하고 깨끗한 안경알을 닦고 또 닦는다. 어찌 그뿐이랴? 이마에 늘어나는 주름과 반백이 되어가는 머리카락도 반갑지 않은 황혼기의 확실한 증표이다. 마음은 청춘인데 버스를 타면 "할아버지 이리 앉으세요." 하면서 자리를 양보하고 공공 시설을 이용하기 위해 줄을 서 있어도 먼저 이용하시라고 권한다. 예의가 바른 젊은이들을 보며 흐뭇하기도 하지만 쓸쓸한 생각이 들기도 한다.

요즈음은 인생은 70부터라고 말하는 사람들이 많아졌다. 그만큼 의학이 발달하고 건강관리를 잘하여 평균수명이 늘어나고 젊게 살려고 노력하기 때문이 아닌가 생각한다. 더 바람직한 것은 요즈음 우리 생활 주변에 사회복지시설이 잘되어 배우려는 의욕만 있으면 곳곳에 프로그램이 다양하게 운영되고 있다. 나 역시 2007년에 교직 정년퇴임을 하고 노후의 삶을 보람 있게 살리라 다짐하고 '교육무애敎育無涯'와 '평생교육平生敎育'을 생활신조로 삼고 용기를 내어 노인복지관에서 꾸준히 배움의 길을 이어가고 있다.

이러한 노력과 인내의 결실로 금년에 수필 부문 신인 작가로 등단하는 보람도 맛보았으며, 오랜 세월 취미생활과 정서안정을 위해 연마해온 서예書藝 부문에서, 도 초대작가의 자격을 얻는 기쁨도 맛보았다.

나는 금년에 즐겁고 보람 있는 일이 하나 더 생겼다. 도에서 주관하는 '문화 도민 모니터'와 'Tour 관광 모니터' 요원으로 활동하고 있다. 이 활동을 하면서 적절한 여가餘暇 선용이 삶의 질을 높이는 데 얼마나 중요한가를 느끼게 되었다. 또한 문화 예술에 대한 안목이 높아지고, 관광자원 개발의 필요성과 유적에 대한 관심이 높아지면서 애향심이 길러진 것 같다.

'생각이 바뀌면 행동이 바뀐다.'는 말이 있듯이 사람은 매사가 마음먹기에 달려 있는 것 같다. 어떤 일이든지 얼마나 열심히 긍정적인 생각을 갖고 충실하게 하느냐에 따라 승패 여부와 결과가 달라진다고 본다.

"이 나이에 무엇을…", "다 늙어서 내가 뭘…" 하고 자포자기를 한다든지 "내가 ○○○을 했는데 더 배워." 하고 젊었을 때 직위나 삶의 환경을 생각하며 자만하고 무료無聊한 생활을 해서는 안 된다. 푸른 산 푸른 강을 보면 마음이 탁 트이고 원대한 희망이 샘솟듯이 마음만이라도 항상 노심老心을 내려놓고 젊고 푸른 청심靑心을 갖고 깨끗하고 밝은 마음으로 살았으면 좋겠다.

세월이 가고 노쇠해질수록 무엇보다 중요한 것은 건강유지라고 본다. 이런 말이 있지 않은가? "재산을 잃는 것은 조금 잃은 것이요, 명예를 잃는 것은 많이 잃은 것이요, 건강을 잃는 것은 모두 잃은 것이다." 무엇보다 건강의 중요성을 표현한 조상님들의 교훈이 아닌가 생각한다.

또한 때로는 삶을 뒤돌아보며 한가로운 삶도 필요하다고 본다.

젊은 마음(靑心)을 갖고 체력에 맞게 활동하며 바쁜 와중에서도 하고 싶은 것을 마음대로 할 수 있는 것이 진정한 한가로움이라고 생각하고 그렇게 여생을 보내는 것이 바람직한 삶이 아닌가 생각한다.

노인이 큰 벼슬이나 된 것처럼 남이나 자녀들에게 의존하려는 생각을 버리고, 자신에 대한 자학自虐과 지난날의 연민에서 벗어나 이제는 인생을 관조觀照하는 지혜를 갖고 생활하며 노후의 꿈을 아름답게 가꾸고 장식하고자 한다.

(2013. 7. 13.)

자리

오랜만에 사위가 목회牧會하는 조그만 교회 뒷좌석에 앉았다. 하나뿐인 딸이 서울 인왕산 중턱 경사진 동네에 교회 자리를 잡고 고생하는 것을 알기 때문에 항상 마음에 걸렸다.

오늘 마침 친척의 결혼식이 있어 손자 · 손녀도 볼 겸 새벽 차를 타고 상경, 시간 여유가 있어 11시 예배 시간에 참석하였다. 사위의 설교를 들으려니 쑥스럽고 어색하기도 하고 혹시 실수나 하지 않을까 가슴이 조마조마하였다.

설교 주제는 '자리를 떠나지 마세요.'였다. 자리에도 여러 가지 의미와 뜻이 있는데 무슨 자리를 말할까? 궁금해졌다. 사람이나 물체가 차지하고 있는 공간의 자리 즉 앉은 자리를 말함이라 생각하니 마치 나에게 끝까지 자리를 비우지 말고 예배를 보라는 말처럼 생각되었다.

예배 순서에 따라 시편 1장 1~3절까지 성경봉독이 끝나고 자리지킴이의 중요성에 대해 설교가 시작되었다.

'시편 1장 1절 : 복 있는 사람은 악인의 꾀를 좇지 아니하며 죄인의 길에 서지 아니하며 오만한 자의 자리에 앉지 아니하고'를 다시 한 번 힘주어 읽고 부분별로 나누어 설명하였다.

나무가 자라는 데에는 나뭇가지가 하늘을 향해 자라야 할 공간도 필요하지만 물과 양분을 흡수하고 몸을 지탱하며 곧게 자라려면 뿌리가 땅속으로 뻗어야 한다고 말했다. 또한 침은 입안에서 혀를 움직이게 하고 음식물을 소화시키는 데 필요하지만 입을 떠나 땅에 뱉는 순간 더러운 오물로 변한다고도 했다.

또 다른 예를 들었다. 물고기가 물이 있어야 살듯이 있어야 할 자리가 필요하며 성가대 또한 자리를 지키고 하모니를 이룰 때 아름다운 합창이 된다고 하였다. 이처럼 여러 가지 예를 통하여 설비나 공간의 자리와 그리고 직업 위치의 자리 중요성에 대한 이야기가 설교의 핵심을 이루었다. 자리를 잘 지키기 위해서는 현재의 자리에서 충실하고 불평보다는 만족하며 최선을 다하는 삶을 살아야 한다고 했다.

설교를 듣다 보니 여러 가지 자리의 의미와 중요성이 새삼스럽게 머리를 스치고 지나갔다. 물체가 차지하고 있는 공간의 자리가 있고 사람이 앉을 수 있도록 마련된 설비나 지정한 장소를 나타내는 자리도 있다. 그런가 하면 신분과 직급을 나타내는 무형無形적 위치의 자리가 있으며 만남의 자리, 화해의 자리 등 장소를 나타내는 자리가 있다. 또한 청소년 그리고 실업자들이 생계유지를 위하여 그리도 애타게 갈망하는 일자리가 있다.

여러 가지 자리가 지니고 있는 의미를 생각하다 보니 갑자기 구상 시인의 〈꽃자리〉 중 '너의 앉은 그 자리가 바로 꽃자리니라.'라는 한 구절이 생각난다.

요즈음 지방선거를 앞두고 사회질서가 해이되었는지 곳곳에서 부정부패 사례가 보도되고 있다. 자기 고을을 책임지고 자리를 지켜야 할 시장 군수들이 부정한 돈을 받거나 준 혐의로 줄줄이 구속되거나 직을 박탈당하고 있다. 어제는 당진에서 오늘은 화순에서 연타로 불법비리가 터지고 있다. 계속하여 군수가 비리로 바뀌자 창피해서 떳떳이 외부에 나가 고향을 밝히지를 못하겠다는 사람도 있다. 옛날로 말하면 군수나 시장은 그 고을을 지키는 최고의 책임자인 원님이시다. 이런 분들이 자리를 지키고 빛내기는커녕 높은 자리를 이용하여 온갖 비리로 오염시키고 있다.

얼마 전에는 미래세대 교육을 책임져야 할 교장과 장학사가 부정관계로 떠들썩하더니 사회의 부정과 부패를 막아야 할 검사와 경찰들이 업자와 유착해서 부정행위를 했다고 한다. 어디 그뿐인가? 법을 만드는 국회의원들까지 이권청탁과 비리를 터뜨리니 도무지 이 사회에 온전한 곳이 어딘지 탄식이 절로 나올 지경이다. 구상 시인이 쓴 시처럼 그 자리를 꽃자리로 생각하고 긍지를 갖고 반갑고, 고맙고, 기쁘게 생각하며 임무에 충실할 수는 없을까? 아마도 현재의 자리를 잘 지키고 빛내기 위해 최선을 다하며 사는 것이 행복한 삶이 아닌가 생각한다. 또한 성경 구절에서 말하듯이 복 있는 사람은 악을 멀리하고 죄를 범하지 않으며 자만하지 않고 겸손한 자세로 사는 사람이다.

오늘 설교 내용이 시사示唆한 점도 나무 뿌리가 땅을 떠나서 살 수 없으며 침이 입안에 있을 때는 필요하지만 밖으로 나와 뱉어지면 오물이 된다는 것은 평범한 내용 같지만 자리를 이탈하고 부정행위를 해서는 안 된다는 즉 사람은 있어야 할 자리를 잘 지켜야 한다는 암시인 것 같다.

우리가 사는 사회나 인간의 삶도 주어진 위치와 자리를 충실히 잘 지키고 긍정적인 생각을 가져야 한다. 이탈보다는 정해진 법과 질서를 지키며 지나친 욕심을 버리고 현재의 자리를 꽃자리로 알고, 정직하고 바르게 삶을 살아가는 밝고 건전한 사회가 이룩되었으면 좋겠다.

(2010. 10. 15.)

자연 재앙이 남긴 그림자

자연의 재앙 앞에 인간은 한없이 무기력하다. 지난 3월 11일 일본 동북부 해안지역을 강타한 지진과 쓰나미가 남긴 상처의 흔적은 너무 크고 깊기만 하다. 지진과 밀려오는 해일의 검은 그림자 앞에 인간은 속수무책이었다. 인간의 한계를 보는 듯하였다. 또한 자연의 순리에 순응하지 않고는 살아갈 수 없다는 교훈을 안겨 주었다.

땅이 갈라지고 집채보다 더 크게 밀려오는 해일에 집, 자동차, 선박은 물론 나무까지 뽑혀 장난감처럼 떠내려갔다. 마치 괴물처럼 밀려오는 검은 물결은 엄청난 위력으로 해안지역을 초토화시키고 수많은 인명을 앗아가고 재산 피해를 가져왔다.

이재민이 수십만에 이르며 실종자도 2만 명이 넘는다고 한다. 불행하게도 일본에서는 규모 9.0이 넘는 대지진 외에도 하룻밤 새 여진이 삼십여 차례가 넘게 일어났다고 한다.

나는 TV에서 일본 대지진 참사 장면을 보는 순간 작년에 극장에서 보았던 〈해운대〉 영화 생각이 났다. 무심코 보아 넘겼던 영화의 참사 장면과 하나도 다를 바가 없었다. 검은 먹구름이 끼고 바다에서 밀려오는 해일에 초토화되어 가는 도시와 목숨 걸고 살아보려고 자동차보다도 빠르게 뒤따라오는 해일을 피해 도망치는 사람들의 모습이 눈에 선하다.

이제 사람들은 일본에서 일어난 대지진과 해일의 자연재해보다 후쿠시마 원전파손으로 방사능 유출 재앙에 관심이 집중되어 있다. 방사능 물질이 일본을 넘어 저 태평양 근해 나라들까지 닥쳐올 것이라고 공포에 떨고 있다.

원자력 핵에너지가 그렇게 좋다고 전력생산을 위해 앞 다투어 개발하더니 원자력 에너지 부산물 방사능이 우리 생명에 피해를 준다는 보도에 전 세계가 놀라 걱정하고 있다.

어쩌면 자연의 순리에 순응하지 않고, 과학의 힘만 믿고 이용하려는 욕심 때문에 제 무덤을 판 격이 되어버렸다.

전 세계인이 염려하는 방사능은 우리 의식주에 직접적인 영향을 준다. 먹거리, 마실 물, 토양까지 오염시켜 수십 년간 피해를 준다니 안타깝기 짝이 없다. 다행히 편서풍이 불어 우리나라에는 피해가 없다고 하여 마음을 놓았는데 강원도를 비롯하여 우리 고장 군산에서까지 방사능 물질이 검출되었다고 하니 걱정이다.

이번 원전사고로 생길 피해 보도를 들으니 세계 각국이 방사능 유출에 관심을 갖고 민감한 반응을 보이며 걱정하는 이유를 알만하다. 또한 원전사고로 차후에 발생할 농수산물, 토양, 수질오염 등의 피해가 어디까지일지, 우리나라에 미칠 영향은 얼마나 될지 걱정이 된다.

그런데 북한에서는 그렇게 말리는 핵무기 개발을 위해 경수로 건설을 고집하는 것을 보면 안타까운 생각이 든다.

일본은 지역 여건상 자주 일어나는 지진과 화산폭발 등의 자연재해에 대비하여 건물을 짓고 다리를 놓는다고 한다. 그런데도 이렇게 상상할 수 없이 큰 피해를 가져왔다.

자연재앙은 인간의 어떤 힘으로도 막기가 어렵다는 것을 깨닫게 했으며 재해 발생 시 신속한 전달과 처리가 필요하다는 것을 보여주었다. 또한 국민들의 협동, 그리고 질서의식이 필요하다는 것을 느끼게 해준 재앙이었다.

한편 이번 재앙에 대처하는 모습을 보고 일본 국민들의 침착하고 뚜렷한 질서의식에 새삼스럽게 놀랐다. 그런 혼란 속에서도 생필품 사재기 하는 사람이 없으며, 수돗가에서, 생필품 파는 가게 앞에서도 차례 돌아오기를 묵묵히 기다리며 온종일 줄을 서 있는 광경을 텔레비전에서 보았다.

버스승강장에서, 수돗가에서, 공공시설물 어디든지 질서정연하게 줄을 서서 기다리고 있었다. "뒤에 기다리는 다른 사람을 위해 먹을 만큼만 물을 받아간다."는 어떤 아저씨의 인터뷰에 놀라지 않을 수 없었다.

우리나라도 질서의식이 하루빨리 생활화되었으면 좋겠다는 생각이 들었다.

사상 최악의 지진 피해로 어려움을 겪고 있는 일본을 돕기 위해 세계 각국에서 구조의 손길을 보내고 있다. 일본이 과거에 우리나라를 침략하여 긴 세월을 고통과 시련을 겪게 했지만 인도적 차원에서 이웃돕기에 동참하는 마음과 자세를 가졌으면 좋겠다.

아무튼 이번 일본 대지진, 해일의 자연 재앙과 원자력 발전소 방사능 유출 사고를 보고 우리나라도 관심을 갖고 자연재해를 최소화시키기 위한 안전시설을 하여 인위적 재앙이 발생하지 않도록 해야겠다는 생각이 들었다.

(2011. 3. 11.)

이젠 안전벨트를 조여야 할 때

사람은 누구나 운전석에 앉으면 안전벨트를 한다. 왜 그럴까? 교통법규 위반에 대한 적발도 두렵지만 사고를 미연에 방지하고 자신의 안전을 도모하려는 생각과 습관일 것이다. '안전벨트는 생명벨트'라 하지 않았던가?

나는 요즈음 자동차 안전벨트만큼이나 소중한 '마음과 몸의 안전벨트'를 조절하여 매고 조여야 할 때가 아닌가 하는 생각이 자꾸 든다. 언제나 몸도 마음도 청춘인 것으로 착각하며 생활해 온 것 같다. 손자 손녀들이 "할아버지!" 하고 부르면 어쩐지 어색하고, 공공장소나 버스 속에서 "할아버지, 이리 앉으세요."하고 자리를 양보해 줄 때마다 겉으로는 "학생 고마워." 하면서도 속으로는 '아직 청춘인데….' 하고 속마음을 다독이곤 하였다.

이처럼 젊은 생각으로 지금껏 살아왔고 또 젊은이들과 호흡하고 대화하려고 노력해 왔다. 그러나 그것은 모두 나의 망상과 착각인 것 같다. 주위에서는 언제나 노인, 어르신 등의 호칭을 붙인다. "그냥저냥 지내시지요. 뭐, 그냥저냥 쓰시지요."라고 나에게 무심코 공경의 뜻으로 건네는 말투가 슬프게만 들린다.

'그냥저냥'이란 그 모양 그대로, 저 생긴 꼴대로란 뜻이 아니던가! 이 말은 다시 말하면 지나친 욕심을 부리지 말고 나이에 맞게 조건 없이 대가를 바라지 말고 살라는 뜻이 아닌가 생각해 보았다.

그리도 기다리던 봄은 찾아왔건만 멀게만 느껴진다. 희망과 꿈을 주는 화사한 봄에 마음뿐 아니라 몸의 안전벨트도 점검하고 조절해야 되는 때인지 몸에 빨간불이 들어왔다.

육십 후반기가 되도록 체력의 한계를 생각지 않고 젊은 마음으로 테니스, 탁구, 배드민턴 등을 번갈아 매일 하다시피 하였다.

그러니 집사람 말과 같이 쇠라도 견딜 수 있었으랴? 허리와 무릎에 이상 신호가 왔다. 지금에 와 생각하니 후회가 된다. 기계처럼 기름도 치고 어디가 닳아 고장이 나려나 미리 점검하고 손을 보아 둘 것을…. 정형외과에 가서 검사를 해보니 '척추협착증' 증세가 있으니 당분간 운동을 삼가고 치료를 하란다. 운동이 습관화된 탓인지 나도 모르게 체련공원 테니스 코트 주변을 서성거리며 구경을 해본다. 마음이 편치 않아 주변에 흐드러지게 핀 아름다운 벚꽃도 예쁜 느낌이 들지 않는다.

너무 팽팽한 활시위는 끊어질 수도 있다는 사실을 미처 생각지 않고 무리한 운동으로 몸의 병을 키운 것이다. '재산을 잃는 것은 조금 잃은 것이요. 건강을 잃는 것은 모두 잃은 것이다.'라는 명언이 실감난다.

나는 요즈음 마음과 건강 안전벨트에 이어 또 하나의 안전벨트를 점검하고 조여야 할 때가 아닌가 생각해 보았다. 그것은 바로 가정경제 벨트다. 지금 생각하면 공무원 연금 수혜자라는 것이 얼마나 다행스럽고 위안이 되는지 모른다. 만일 노후에 생활비 마련을 위해 일자리를 찾아 헤매며, 아들딸에게 의지해야 한다면 얼마나 괴롭고 복잡할까.

올봄에 임플란트 하느라 천여만 원이 들었는데 또 갑작스럽게 허리와 무릎에 이상이 느껴졌다. 당분간 치료를 계속해 보고 효과가 없으면 수술을 해야 한다니 벌써부터 치료비 마련할 일이 걱정이다.

이렇게 갑작스런 병원비나 사고, 재난 시의 목돈 지출을 생각지 않았던 내가 어리석었다. 그렇다고 월급쟁이로 근근이 생활해 가는 아들딸에게 손을 벌릴 수도 없다. '한정된 연금으로 절약하고 검소한 생활을 하는 수밖에….' 그래도 우리나라에 이렇게 공무원 연금이나 국민연금 제도 등 복지제도가 마련되어 있으니 얼마나 다행스러운가.

나는 요즘 병원에 드나들면서 마음과 몸의 안전벨트를 점검하고 조이는 일 못지않게 가정경제의 점검이 필요하다고 생각했다.

'모든 일은 마음먹기에 달려 있다.'라는 말이 생각난다. 삶은 기다림의 연속이라고 하지만 우리는 마치 전쟁하듯 치열한 생존경쟁을 하며 쉴 새도 없이 살아가고 있다. 삶은 기다림도 필요하고 새로운 에너지를 얻기 위해 멈춤의 지혜도 필요하며, 나이에 맞게 역주力走하고 있는지 점검이 필요하다. 마음도 몸도 나이에 맞게 잘 달리고 있는가? 안전벨트를 점검하고 조이는 일이 노년기에 더욱 중요한 일이다.

요즘 나는 어느 때보다 마음과 몸 그리고 가정경제 안전벨트 점검의 필요성을 느끼고 지켜야 할 말들에 귀 기울이고 있다.

'노인이란 말은 벼슬도 자격도 아니다.'로부터 시작하여 '나이 먹을수록 입은 닫고 지갑은 열어라.' '나이 들수록 몸을 청결하게 하라.'는 등 늙어가면서 지켜야 할 말들이 입에 오르내리고 있다.

이젠 지금까지 달려온 내 인생의 위치를 파악하고 마음과 몸을 추스르며 항상 점검하고 안전벨트를 조이는 자세가 필요할 때가 아닌가 생각해 본다.

또한 항상 나를 사랑하고 나이에 맞게 처신하며, 건강관리에 최선을 다하는가 점검해 볼 필요가 있다. 나아가 내 자신과의 관계회복을 위해 법규와 관습 그리고 도의에 어긋남이 없는지, 절제하고 통제하고 있는지 되돌아보는 여유와 지혜를 가져야겠다.

나는 가끔 인간의 일생을 아침 해가 떠서 지기까지 일과에 비교해 보곤 한다. 아기 탄생과 같이 아침 해가 떠서 강렬한 젊음의 정오를 지나 서산에 한 뼘쯤 남은 석양의 황혼기를 생각한다. 또한 마라톤에서 시작 총성과 함께 골인 지점까지를 생각한다.

저녁 노을로 곱게 물든 황혼기를 좀 더 아름답게 수놓으며, 인생살이 마라톤에서 골인지점까지 사고 없이 완주하기 위해 내가 지금 어디쯤 와 있는가? 잘 달리고 있는가? 점검해 보아야겠다. 그리고 안전벨트를 조여야 할 때를 찾아 삶의 밑줄을 그어야겠다.

(2011. 4. 21.)

번데기와 주름살

“번데기 잡수세요.” 술안주로 내놓은 번데기 접시를 젊은이가 무심코 내 앞으로 밀어 놓는다. 오랜만에 가진 회식 자리여서인지 시끌벅적하게 환담을 나누고 웃음꽃이 활짝 피었다.

한 젊은 여자 회원이 또 윗사람을 공경한답시고 “번데기 드세요.” 하며 권한다. ‘번데기!’ 나도 모르게 중얼거리며 후— 하고 한숨을 쉬어본다.

왜 하필 나보고 번데기를 먹으라고 권할까? 번데기같이 주름진 늙은이에 맞는 음식이란 뜻인가? 나도 모르게 이마를 쓱— 문질러보고 탁자 밑으로 내 손을 내려 흘깃흘깃 들여다보았다. 내 손을 보니 윤기 없는 피부에 늙은이의 상징인 검버섯이 군데군데 피어나고 살갗이 주글주글하다. ‘늙기는 늙었나 보다.’ 체념하며 혼자 중얼거려본다.

번데기에 비교한 말들이 생각난다. 키가 작은 사람을 가리켜 '뻔데기만 한 사람', 사내아이 생식기를 가리켜 "뻔데기만 하네." 라고 한다.

생각이 꼬리에 꼬리를 물고 떠오르며 속 좁은 영감쟁이처럼 나를 놀리는 것 아닌가 하는 생각으로 얼굴이 벌개졌다.

"그려. 나는 늙어서 뻔데기나 먹을랑게…."라고 한마디 했더니 갑자기 웃음바다가 되었다. "선생님도 별소리를 다하시네요."라며 여자 회원이 위로의 말을 했다.

번데기 이야기는 한참 동안 야한 이야기를 섞어가며 꽃을 피웠다.

나는 시골에서 청년 시절까지 자라며 대대로 이어 부업으로 해오던 누에고추 생산 과정을 자세히 보고 자랐다. 그래서인지 번데기만 보면 고향 생각, 어머니 생각이 난다.

누에 성장 과정을 보면 참 신기하다. 알에서 깨어나 네 번의 잠을 자며, 탈바꿈 후에 입에서 실을 토하여 하얀 고치를 짓고 번데기로 변한다.

그렇게 변한 번데기는 한동안 죽은 듯 지내지만 마침내 자신의 몸을 감싸고 있는 허물을 벗고 아름다운 나방으로 다시 태어난다. 이렇게 완전 변태 과정을 겪은 나방은 알을 낳은 후 죽는다.

이처럼 한 마리의 멋진 나비나 곤충들이 알에서 유충, 번데기 과정을 거쳐 성충이 될 수 있듯이, 사람도 유년 시절 청년 시절을 거쳐서 노년기를 맞아 황혼을 아름답게 수를 놓으며 생을 마감한다.

나는 할아버지, 어르신이란 반갑지 않은 호칭을 들으면서부터 가끔 거울을 들여다보며 한숨을 내쉬는 버릇이 생겼다. 언젠가부터 이마에 세월의 나이테 같은 주름살이 늘고 골이 깊어만 가기 때문이다. 어디 주름살뿐이랴. 희끗희끗 머리는 반백이 다 되어간다. 거기다 세월 탓인지 3년 전에 맞춰 낀 돋보기도 점점 시력이 약해져 눈을 게슴츠레 뜨고 얼굴을 찡그려야만 잔글씨를 읽을 수 있다.

어느 유머 퀴즈에서 들은 문제가 생각난다. 노인이 외출할 때 꼭 준비해야 할 세 가지 물건이 무엇인가? 돋보기, 틀니, 보청기라고 한다.

요즘 부쩍 '세월에는 장사 없다.'라는 말이 실감이 난다. 사람이나 동물은 말할 것도 없고, 심지어 나무도 고목이 되면 다닥다닥 껍질만 생기고 삭은 가지가 생기며 꽃과 잎이 작아진다.

그래도 마음은 청춘인지 젊은 척 흉내를 내려고 하고, 매사에 참여하고 싶어 기웃거려진다. "늙어서 그냥저냥 살죠 뭐…." 농담 삼아 건네던 젊은 여자 회원 멘트가 귓전에서 맴돈다. 그런가 하면 노년기에 한 가닥 희망을 주는 '사무엘 울만'이 쓴 〈청춘青春〉이란 시 구절이 생각난다.

> 청춘이란/ 인생의 어느 시기를 말하는 것이 아니고 마음가짐을 말한다./ (중략) / 나이를 먹었다고 해서 사람이 늙은 것이 아니라/ 이 세상에 관한 관심을 잃을 때 사람은 늙은 것이다/ 세월은 피부에 주름살을 남기지만/ 정열을 잃은 사람은 마음에 주름살이 잡힌다./ (후략)

'늙었다고 포기하고 후회하지 말자.' 지난날 몸도 마음도 푸르고 윤기 나는 삶의 세월이 있지 않았던가. 주름살이 늘고 피부가 거칠어지고 푸석한 생활이 됨은 세월이 주는 선물이요 연륜이라고 생각하자. 마음가짐을 새롭게 하고 꿈과 용기를 갖고 도전하자. 그래서 나는 가끔 〈청춘〉 이 시를 읊으며 힘을 내곤 한다. 몸은 늙었어도 마음은 청춘으로 생각하고 여생을 보내고 싶다.

오늘 회식 자리에서 번데기 드시라는 말에 잠시나마 오해했던 나의 편협하고 옹졸한 생각과 태도에 후회가 된다.

노인이란 말을 세월과 인생의 계급장으로 생각했던 편견과 과거에서 벗어나 시대에 맞게 새롭게 태어나 생각과 삶을 바꿔야겠다는 생각이 든다.

(2011. 5. 8.)

여성의 참다운 미美

온 세상이 초록빛깔로 도배한 것 같다. 5월은 계절의 여왕이란 말이 실감이 난다. 이팝나무, 아까시나무 꽃이 흰 쌀밥을 소복이 담아놓은 듯 탐스럽게 피어 싱그러움을 더한다.

오늘은 임실 사선대에서 전국 세미누드 사진촬영대회가 있다기에 오랜만에 아내와 함께 나들이에 나섰다.

이렇게 이색적인 문화행사에 참석하게 된 것은 작년부터 도 문화 모니터링 요원으로 활동하기 때문이다. 사진에 대한 전문적인 지식은 없지만 오늘 누드사진 촬영대회장에 배정을 받았다. 현장을 취재하고 평가하여 보고해야 한다. 사선대 입구에 들어서니 어쩐지 어색하고 한편 궁금증이 일어 마음이 설레었다. 사선대의 아름다운 자연 경관과 파란 호숫가 잔디밭에 설치된 조각공원 조형물들이 어울려 한 폭의 그림과도 같았다.

행사장 주변에는 이색적인 누드 사진이 본 행사의 흥을 돋우기 위해 많이 전시되어 있었다. 행사 시간이 가까워지자 고가高價의 사진기를 갖고 줄잡아 삼백여 명이 넘어 보이는 사람들이 들어왔다. 모두가 사진작가나 사진 애호가들이라고 한다.

사진촬영대회 의식이 끝나고 본 행사 주제인 누드사진촬영대회가 시작되었다. 오늘 사진촬영대회에 설 모델은 5명이라고 했다.

조각공원 조형물과 조경이 잘된 동산을 무대로 모델들이 나뉘어 배치되었다. 모델들이 움직이는 대로 사진작가들과 사진촬영 애호가들이 구름 떼처럼 몰려다니며 셔터를 눌러댄다.

처음 보는 장면이라 신기하기도 하고 생소하여 어리둥절하였다. 야외 촬영이니까 적어도 슬립 아니면 팬티 정도는 입고 촬영할 줄 알았는데….

이게 웬일인가? 처음에는 내 눈을 의심하였다. 실오라기 하나 걸치지 않고 훌렁훌렁 옷을 벗더니 알몸으로 사진작가들이 요구하는 대로 포즈를 취한다. 눈을 어디에 두어야 할지…. '사람 맞아?' 혼자 중얼거리며 사람도 동물과 다를 바가 없다는 생각을 했다. 사진예술을 창조하는 한 장면이라지만 처음 보는 나로서는 선사시대 벌거벗고 생활하는 인류의 모습을 보고 있는 것 같았다. 모델이 새로운 포즈를 취할 때마다 더 멋있는 장면을 놓치지 않으려고 숨죽여가며 셔터를 눌러댄다.

사선대의 아름다운 자연경관과 조각공원 조형물을 배경 삼아 여체女體의 신비로움과 아름다움을 사진에 담으려고 눌러대는 셔터소리가 마치 소낙비 떨어지는 소리 같다.

오늘 사진촬영대회를 보면서 여성의 참다운 미는 어디에 있을까? 곰곰이 생각해 보지만 좀처럼 뚜렷한 판단이 서지 않았다.

우리나라는 서양문물이 들어오면서 남존여비 사상이 없어지고 남녀평등사회가 도래하였다고 볼 수 있다. 따라서 의식주 생활은 물론 미의 가치관도 달라졌다고 본다. 의식주 생활 중 가장 변화가 심한 것은 의류문화이며, 그중에서도 여성들의 의복에 유행과 변화가 심하다. 눈살이 찌푸려질 정도로 짧은 반바지, 미니스커트를 입는 것은 보통이 되었다. 각종 문화행사는 물론 대중이 보는 방송에도 가슴골 파인 드레스를 입고 출연하여 스스럼이 없다. 나는 텔레비전을 볼 때마다 낯뜨거운 옷차림을 한 출연자로 인해 채널을 돌릴 때가 많다.

여성의 참다운 미를 꼭 나체의 모습에서 찾아야 하는가? 판단이 서질 않는다. 내가 생각한 참다운 아름다운 여성의 미는 아주 노출하여 전체를 내보이는 것으로 표현하는 것보다는 약간의 숨김과 가림이 있어야 보는 이의 궁금증을 자극하지 않을까 하는 생각이 든다.

그러고 보면 우리 조상들이 추구했던 미는 얼마나 속 깊고 은근했는가 가히 짐작이 간다. 곱고 아름다운 한복을 입고 춤사위를 할 때면 초승달만큼 보일 동 말 동 하는 겨드랑 밑 하얀 속살이 노출의 전부였다. 여인들은 나들이할 때 얼굴을 가리기 위해 장옷을 입고 쓰개치마까지 둘렀다.

오늘 본 누드사진촬영대회는 여체의 아름다움을 황홀한 예술로 생각하고, 사진예술 표현의 한 장르라 하지만 야외에서 알몸으로 촬영하는 모델들이 어쩐지 신비롭고 각선미 있는 여체의 모습이라기보다는 눈살이 찌푸려지고 모델들이 측은하게만 보였다.

(2011. 5. 15.)

오뚝이 '평창' 만세

여명이 밝아오는 새벽을 깨는 소리! '평창'

그 이름은 꿈이 아니었다. 분명히 귓전을 울리는 희망과 행복을 가져다준 메아리요 메시지였다.

우리 국민이 십여 년 동안을 오뚝이처럼 칠전팔기 정신으로 좌절하지 않고 인내심으로 일궈낸 결과이기에 더 빛나고 보람 있는지도 모른다.

우리 국민 모두의 꿈과 소망의 결실이요, 감자골 강원 도민들의 열망의 수확이다. 나는 어젯밤 자정에 발표하는 2018동계올림픽 유치 장소 소식을 기다리다 지쳐 잠이 드는 바람에 아침 뉴스 시간을 통해 알게 되었다. 몇 번을 보고 들어도 '평창'이란 두 글자가 오늘따라 선명하고 빛나 보였다.

온 나라가 기쁨과 환희에 찬 함성으로 떠들썩하다. 지금도 온 국민이 가슴 졸이며 텔레비전을 응시하다가 "대한민국 만세"를 부르는 장면이 눈에 선하다. 어찌 아니 그러겠는가? 그동안 우리는 88하계올림픽, 2002월드컵 축구, 2011세계육상 대회 등을 치렀다. 2018년에는 동계올림픽이 평창에서 열린다고 한다. 4대 스포츠 그랜드슬램을 세계 여섯 번째로 달성한 나라가 되는 것이다.

'평창'이 동계올림픽 유치 예정지로 확정되기까지는 시련과 고통도 많았다. 2003년 벤쿠버에 역전패, 2007년 소치에선 2차 투표에서 역전패를 당하고 이번 더반에서 삼세판 만인 칠전팔기, 오뚝이 정신으로 성공했다.

남아공화국 더반은 우리나라와 인연이 많은 나라라고 한다. 홍수환 권투선수의 칠전팔기 정신에서 일궈낸 전설 같은 일화와 그가 했던 말이 생생하게 떠오른다. "엄마, 나 챔피언 먹었어!" 홍수환 어머니는 "장하다. 대한민국 만세다."라고 화답했다.

온 세상 지구촌을 달구고 뒤흔든 "대한민국만세! 평창만세!" 소리, 그 힘은 어디서 나왔으며 무엇이 지칠 줄 모르게 도약하고, 시련과 고통을 이겨내는 인내심을 샘솟게 했단 말인가?

이 모두는 한국인만이 갖고 있는 오뚝이 정신, 한국인의 DNA, 국민성 때문이 아닌가 하는 생각이 든다.

그럼 한국인의 DNA는 어떤 특징이 있을까?

첫째, 위기능력이 뛰어난 것 같다. 지정학상 우리나라는 반도국가로 외침을 수없이 받았지만 슬기롭고 용감하게 잘 막아내고 나라를 지켜왔다.

또한 몇 년 전에 밀어닥친 IMF 경제 위기도 온 국민이 단합하여 슬기롭게 넘겼다.

둘째, 약동적이다. 60년대만 하여도 천 달러에 불과했던 GNP가 작년에 이미 이만 달러가 넘었으며 수출 강대국이 되었다.

셋째, 인내심이 강하다. 대대로 이어온 가난의 보릿고개 시달림에서 벗어나기 위해 새마을운동 추진과 지속적인 경제개발 추진으로 잘사는 나라 경제대국의 반열에 들어섰다.

넷째, 전통문화를 사랑한다. 찬란한 문화유산과 의식주생활의 전통을 계승 발전시키기 위해 노력하고 있다.

이외에도 많은 장점 유전자를 지니고 있는 민족이기에 '평창'의 꿈을 이루어 한국인의 저력을 보여주고 위상을 자리매김한 것 같다.

이처럼 한국인만이 가지고 있는 장점 DNA가 있는가 하면 버리거나 개선해야 할 DNA도 있다.

나는 가끔 고 이승만 대통령께서 남기신 유명한 말 한 대목을 기억하고 생각해 본다. "뭉치면 살고 흩어지면 죽는다." 우리 민족의 단합을 갈망하는 말이 아닌가? 우리 민족은 개성이 너무 강하고 단결심이 부족해서 '모래알 같다.'느니 '냄비근성을 지녔다.'는 등의 실망스런 말을 많이 한다. 얼마나 서글프고 부끄러운 말인가!

또 하나 꼭 개선해야 할 한국인의 DNA가 있다. '빨리빨리'의 생활습관이다. '빨리빨리' 생활습관 때문에 생긴 재미있는 에피소드가 있다. "짜장면이 맛없는 것은 참을 수 있어도 늦는 것은 못 참는다." 그래서 '퀵 서비스'가 생겼다는 우스갯소리가 있다. 그런가 하면 외국인들이 우리나라에 와서 제일 먼저 배우는 말이 '빨리빨리'라고 한다. 이처럼 빨리빨리 문화 때문에 성공적인 것도 있지만 실패한 것도 많다고 한다.

심지어 식당에 들어서자마자 주인에게 빨리 달라고 재촉하며, 차를 탈 때에도 서두른다. 이렇게 서두르는 성급한 성격 때문에 부실공사를 하여 망치는 일이 한두 가지가 아니다.

이외에도 우리 민족은 전통문화를 사랑하는 반면에 너무 유행에 민감하여 무조건 서구문화를 본따려는 습성이 있다. 빨리 개선해야 한다.

우리는 어렵게 삼세판, 이전삼기 만에 동계올림픽 유치권을 따냈다. 유비무환有備無患이란 고사성어를 거울 삼아 서두르지 말고, 지금부터 천천히 계획성 있게 준비하여 성공적으로 동계올림픽을 치러야겠다.

그리고 2018년 하얗게 눈 덮인 산과 청정淸淨 계곡 평창에서 한국 자연경치의 아름다움과 한국인의 따뜻한 정서, 그리고 열정을 보여줘야 한다.

(2011. 7. 7.)

홍시

홍시가 붉으레 화장기 있는 얼굴을 하고 잎새 사이로 고개를 내민다. 파아란 하늘 아래 빨간 고무풍선이 하나둘 둥실둥실 떠오른 것 같다. 입만 벌리면 뚝 떨어져 입속으로 쏙 들어갈 것같이 대롱대롱 탐스럽게 매달려 입맛을 다시게 한다.

언제 저리도 컸을꼬…. 콩알만 한 감또개가 어느새 자라 주먹만 하게 커서 얼굴에 빨갛게 분단장까지 하였다.

옛날 고향 생각이 난다. 달착지근한 맛에 감꽃이나 골담초꽃 입안 가득 넣고 오물거리던 어린 시절…. 군것질할 것이 부족하여 삘기 뽑아 먹고 찔레꽃순 끊어 먹던 시절에는 골담초꽃, 감꽃은 고급 간식거리에 들었다. 골담초꽃에 비해 감꽃은 약간 떫은맛이 나지만 감나무 밑에 가면 수북이 노랗게 떨어져 있어 얼마든지 주울 수 있었다.

지금도 감또개가 떨어질 때쯤이면 고향집 생각이 난다. 뒷집 할머니 집엔 정자나무만 한 늙은 감나무가 한 그루 있었다. 노랗게 떨어져 쌓인 감또개를 주워서 가는 겨릅대에 곶감처럼 꿰어 감꽃꼬치를 만들고, 실에 꿰어 목걸이 만들었던 생각이 난다. 지금 아이들은 감꽃목걸이, 감꽃꼬치 만드는 방법도 모르지만 알아도 거들떠보지 않을 것이다.

지금 사는 우리 집은 단독주택이어서 시골같이 넓지는 않지만 마당에 감나무가 두 그루 있다. 제법 큰 한 그루는 대봉시(장두감)나무이고 또 한 그루는 작지만 납작한 '수시감나무'다. 이젠 베란다에서 손을 쭉 뻗으면 한두 개는 딸 수 있는 거리까지 가지가 뻗어 감이 점점 커가는 모습을 자세히 지켜볼 수 있어 감이 성가시다 할 정도로 자주 만져본다.

감또개가 떨어질 때 즈음이면 어릴 때 추억보다 아까운 생각이 먼저 앞선다. 떨어지지 않고 주렁주렁 끝까지 남아 자라서 홍시가 된다면 얼마나 좋을까?

이순을 넘어서부터는 감나무를 바라보는 눈과 생각이 달라졌다. 어린 시절을 뒤돌아보고 향수에 젖기보다는 봄이 되어 감또개가 열리고 홍시가 되는 과정을 바라보며 가끔 인생살이에 비교해보곤 한다. 한 그루의 나무가 봄이 되어 새싹이 움트고 푸르름을 자랑하다가 가을이 되면 낙엽이 되어 지듯이 감또개가 커가는 과정을 보면 신기하고 재미가 있다.

만물이 생동하는 봄이 되면 마치 아기가 탄생하듯 콩알만 한 감또개가 열린다. 노오란 꽃을 피워 자랑하고, 꽃이 지고 나면 파아란 투구 모양의 잎사귀 모자를 쓴 채 올망졸망 매달려 자리싸움이 시작된다.

힘없어서 뚝, 병들어서 뚝, 비바람에 못 견뎌서 뚝! 강한 자만 남는 자리다툼이 홍시가 다 되도록 계속된다. 자고 나면 감나무 밑에 수북이 떨어져 감이 커질수록 아까운 생각이 든다.

한 개도 안 남고 다 떨어져 버릴 것 같은 조바심에 올해는 농약을 세 번이나 했다. 내가 너무 아까워하고 걱정하는 모습이 우스웠던지 아내가 한 마디 조언한다. '한 개도 안 떨어지고 그대로 크면 나뭇가지가 찢어지고 못 자라기 때문에 자기들이 알아서 솎아낸다.'는 것이다. 아내의 말을 들으니 그 말이 맞는 것 같기도 하다. 신기하게도 드문드문 적당히 거리를 두고 홍시가 다 될 때까지 서로 약속이나 한 듯 솎아낸다. 그렇지만 주먹만 한 감이 마당에 떨어져 나뒹굴 때면 아깝기 짝이 없다.

자리싸움하다가 힘없고, 미움받고 병들어 일자리에서 쫓겨나듯이 감도 그러했다. 그리고 사람이 태어나 어른이 되고 생을 마감하는 모습과 비슷하다. 콩알만 하여 귀엽기만 하던 것이 푸르고 주먹만 하게 자라 힘을 자랑하는 듯하고, 황혼기가 되면 홍시가 되어 힘없이 떨어진다. 오늘도 뚝! 떨어지는 홍시를 바라보며 측은한 마음과 함께 홍시의 고마움을 생각해 본다.

감은 옛날부터 식생활에 이용되었고 제사에 빼놓을 수 없는 과실이다. 한편 감은 타닌 성분이 다량 함유되어 설사, 지혈, 고혈압 등에 약리藥理 작용의 효과가 있다고 한다. 또한 숙취 예방, 청뇨淸尿, 근육탄력조장에도 효과가 있다고 한다.

감은 한국, 중국, 일본이 원산지이며 추위에 약한 과실수로 남부 지방에서 주로 재배한다고 한다. 또한 감의 맛에 따라 단감과 떫은 감으로 나누며 모양에 따라 종류도 다양하다. 식용으로 즐겨 먹는 생감이나 홍시도 있지만 곶감(건시)이 있어 우리 조상들의 정서가 담긴 〈호랑이와 곶감〉이라는 우화도 전해오고 있다.

나는 지금도 홍시를 보면 고향 뒷동산에서 남보다 먼저 나가 여명이 밝아올 때 더듬더듬 홍시 줍던 생각이 난다. 어려웠던 시절 어머니를 따라 이십 리가 넘는 회문산 밑 산동네 밭 주변에서 홍시 주우려 헤매던 생각이 떠오른다. 빈 속에 홍시를 너무 많이 먹고 탈이 나서 고생하고, 주인의 고함에 쫓겨 도망치느라 혼쭐났던 일이 머리를 스치고 지나간다. 홍시만 보면 어머니가 보고 싶고 입안에 군침이 돈다.

(2011. 10. 6.)

가을을 보내는 마음

보내고 싶지 않은 가을이 아쉽게도 저물어 간다. 섬돌 밑 귀뚜라미 소리 높아만 가고, 소슬한 가을바람에 흩어지는 낙엽을 보니 깊어가는 가을이 못내 아쉬워 슬픔을 견디는 눈물 같기도 하다.

어제는 아름다운 가을을 그냥 보낼 수가 없어 아내와 대아리 저수지 주변, 장안산 산기슭을 돌아 운장산 운일암 반일암까지 갔다 왔다. 가는 곳마다 온 산야가 울긋불긋 색동옷을 갈아입은 듯 아름다웠다. 지금도 눈에 선하다. 그 높고 넓은 장안산이 온통 노랗고 빨간 물감을 뿌려 놓은 듯했다. 장안산 기슭을 지나 운일암 반일암 가까이 도착했을 때는 기암절벽과 단풍이 든 나무들이 어우러져 마치 한 폭의 산수화 같았다.

오늘은 어제 나들이 때 보았던 산야의 아름다움에 일었던 감흥과 즐거웠던 나들이 기분이 지워질까 봐 가까운 대학캠퍼스로 발길을 옮겼다. 전북은행 앞 단풍 숲길을 지나 전북대학 신 정문부터 진입로 양편이 울긋불긋 도배를 해놓은 것같이 아름답다. 한 움큼 따 모아 꼬옥 짜면 주홍색 물이 뚝뚝 떨어질 것만 같다.

야! 감탄사가 저절로 나온다. 노란 은행나무 길을 지나니 운동장 주변에는 메타세콰이어 나무들이 불그스레 물이 들어 장관이다.

발길을 옮겨 휴게실 주변 벤치에 앉아 커피를 마시고 있으려니 곱게 물든 단풍잎이 비 오듯 사르륵 사르륵 소리를 내며 내 머리 위로 아내의 어깨 위로 떨어진다. 오랜만의 나들이 축하라도 해 주려는 듯 신기하게도 커피 잔에 길다란 느티나무 잎이 떨어져 꽂힌다. 정말 말로 표현할 수 없는 운치 있는 아름다운 풍경이다. 이래서 사람들은 가을을 좋아하나 보다.

생각해 보니 가을엔 좋아할 만한 것이 한두 가지가 아닌 것 같다. 푸른 가을 하늘, 울긋불긋 색동옷으로 갈아입은 나뭇잎, 일렁이는 황금들판, 산비탈 후미진 곳까지 억척스럽게 피어나는 구절초… 헤아릴 수 없이 많다.

그보다 가을을 좋아하는 이유가 또 하나 있는 것 같다. 그것은 어느 계절보다 사색하기 좋고 생각이 깊어지기 때문인지도 모른다.

그러고 보니 가을이 꼭 아름답고 생각주머니를 배불려 주어서 좋은 것만은 아닌 것 같다. 슬픈 생각, 불행했던 순간도 떠오르니 말이다.

얼마 안 있어 곱게 치장했던 나무들이 잎을 떨구고 알몸으로 그 추운 겨울을 이겨내야 할 생각을 하면 가슴이 아프다.

얄미운 찬바람에 못 이겨 낙엽이 되어 나뒹구는 나뭇잎을 보니 벌써부터 걱정이 된다.

또 생각이 점점 깊어진다. 지나온 삶의 아쉬움도 뒤돌아봐지고 하나둘 먼저 떠난 친구들과의 이별 생각에 눈시울이 뜨겁다.

실낱같던 생각의 틈새가 점점 넓어져 자연을 지켜주던 풀벌레 소리도 아쉽고 무엇보다 젊은 체력과 젊은 마음마저 빼앗긴 세월의 흐름이 아쉽기만 하다. 생각의 파노라마가 물레방아처럼 빙빙 돌아 꼬리를 물고 그칠 줄을 모른다. 한 그루의 나무들을 물끄러미 바라보고 있노라니 인간의 한평생을 보는 것 같다. 어린아이가 탄생한 것처럼 나무가 새싹이 돋고 푸르름을 자랑하다가 단풍이 들고 겨울이 되면 낙엽이 되어 떨어지듯 인간도 늙고 병이 나면 세상을 떠나게 된다. 무엇보다 세월이 갈수록 몸의 노쇠함도 서럽지만 마음마저 늙은 마음(老心)으로 바뀌어질까 봐 겁이 난다.

어찌 그뿐이랴! 언제나 옆구리 꼭 끼고 살고 싶은 아들 딸 손자들이 먼 곳에 살다 보니 가을이 깊어질수록 보고 싶은 마음이 더 깊어만 간다.

낙엽 지는 소리가 귓전을 맴돌고 귀뚜라미 울음소리 높아지는 것을 보니 겨울 맞을 준비를 해야 하나 보다.

생각이 깊어가는 가을밤, 밝은 미래와 행복한 삶을 설계하고 항상 밝고 긍정적인 마음으로 이웃과 교감交感하며 사랑을 나누는 가을을 만들어야겠다.

깊어가는 가을! 귀뚜라미 소리를 듣고 생각주머니를 펼치고, 산비탈까지 꿋꿋이 자라며 꽃을 피우는 억새나 구절초를 보고 인내와 겸손한 마음을 길러야겠다.

또한 맑고 푸른 하늘을 보고 깨끗하고, 밝고, 명랑한 마음을 길러야겠다.

가을의 끝자락에서 어쩐지 소꿉동무나 사랑하는 사람을 보내는 것 같아 보내고 싶지가 않다.

(2011. 11. 7.)

〈언제나 청춘〉 촬영하던 날

날씨가 궂으려는지 희미하게 아침이 밝아온다. 찬바람이 불면서 곧 하얀 눈이라도 펑펑 쏟아질 것만 같다. 엊그제 아쉬운 한 해를 보낸 탓인지 오늘은 왠지 하얀 눈길을 걸으며 새해 각오라도 다짐하고 싶은 심정이다.

그러나 오늘은 더 중요한 일과가 아침부터 마음을 설레게 한다. 서울 KBS 제2텔레비전 방송국 〈언제나 청춘〉 프로에 '덕진노인복지관' 방송 활동을 방영하기 위해서 촬영하러 온다고 한다.

'그동안 몇 차례나 녹화를 해 보았는데 뭐….' 하며 마음을 진정하고 침착하려 해도 가슴이 두근거리고 설레며 걱정이 된다.

지루하게 기다리다가 마침내 11시부터 방송실에서 촬영이 시작되었다. 회의하는 장면부터 시작하여 간단한 개인장기 자랑을 촬영하는데 PD의 능수능란한 촬영 솜씨와 같이 온 개그맨 '김성태'의

유도로 재미있게 잘 진행되었다.

막상 촬영에 들어가니 시나리오대로 말을 표현하기도 어렵지만 동작으로 연기까지 하려니까 정말 어려웠다. 몇 차례나 다시, 또다시, 컷, 큐를 반복했다. 여러 사람이 함께하다 보니 "덕진노인 방송국 파이팅" 그 짧은 대사와 손동작도 못 맞추고 엔지를 내어 컷, 큐를 대여섯 번 가까이 한 것 같다.

겨우 20분짜리 방송분을 촬영하는데 오후 5시가 넘도록 했다. 그러니 한 편의 드라마나 영화를 만들기 위해 배우들의 고생이 얼마나 많을까 미루어 짐작이 간다. 또한 출연자들은 대사를 외우고 연기를 하기 위해 얼마나 고생이 많을까 하는 생각이 들었다.

〈언제나 청춘〉을 촬영하는 동안 내내 여러 가지 생각이 들었다. 어떤 회원은 텔레비전 방송에 나온다고 친척들에게 알렸다며 "멋있게 잘 찍어서 꼭 나오게 해 주세요."라고 PD 선생님께 우스갯소리를 했다. 그러나 나는 어쩐지 알리고 싶기는커녕 좀 삭제되었으면 하는 마음과 자꾸 꽁무니를 빼고 싶은 심정이 앞섰다. 왜 그럴까? 내명년이면 고희를 맞는 나이인데 아직도 청춘인 줄 알고 이곳저곳에 기웃거리며 별것 다한다고 남들이 흉을 볼까 걱정되어서일까?

잠시나마 못난 생각을 한 자신을 달래며 세상을 향해 소리쳐 본다. 청춘의 의미를 젊은 시절로만 보는 편견을 버리자고.

"청춘을 돌려다오. 젊음을 다오." 유행가 가사가 나도 모르게 흥얼거려진다. "지나간 그 옛날이 어제 같은데/ 가는 세월 막을 수는 없지 않느냐." 그렇다. 가는 세월은 막을 수도 없고 누구나 나이가 들면 늙기 마련이다. 남은 세월을 얼마나 보람 있고 아름답게 청춘처럼 살 것인가를 생각하고 사는 것이 관건이다.

나이가 들면서 젊은 날을 생각할 때면 언제나 애송시 사무엘 울만의 「청춘」이 떠오른다.

청춘이란 꼭 나이가 젊은 것만을 의미하는 것이 아니다. 내가 여러 가지 감각을 느끼고 판단하며, 받아들이는 삶이 청춘인 것이다.

오늘 온종일 그동안 실지로 진행했던 복지관 내 유선방송에 출연하였지만 실지로 TV 녹화 촬영을 해보니 방송이 얼마나 어려운가를 깨달았다. 그리고 노후의 삶을 어떻게 살아야 할 것인가를 생각해보는 계기가 되었다.

나이가 들어도 보람 있는 생활 속에 아름답게 늙어갈 수 있다면 얼마나 좋을까? 그리고 황혼기를 청춘 시절같이 아름답고 윤기 나게 살 수 있다면 더 이상 바랄 게 없겠다.

(2012. 1. 3.)

봄이 오는 길목

올해는 봄이 유난히도 추웠다 더웠다 변덕을 부렸다. 개나리가 피고 벚꽃 축제로 야단법석을 떨었는데 대관령과 설악산에선 눈 소식이 전해오곤 한다.

엊그제는 비닐하우스가 강풍에 못 이겨 마치 태극기가 바람에 휘날리듯 처참하게 찢어져 나풀거렸다. 벚꽃이 아름답다고 포즈를 취하며 호들갑을 떠는 관광객과, 저온에 못 이겨 형편없이 시들어버린 농작물을 움켜쥐고 탄식하는 농부의 모습은 너무 대조적이다.

저온현상으로 감자, 채소가 다 시들고 얼어 버렸다고 하고, 심지어 복숭아, 사과 등 과일나무도 새싹이 얼어붙어 1년 농사를 망쳤다고 한다.

봄은 사계절 중 희망을 준다고 해서 그런지 대부분 좋아한다. 겨우내 움츠렸던 어깨를 펴고 활동하기에 편하고 만물이 생동감 있고 싱그러운 실록의 계절이 다가오기 때문이 아닌가 하는 생각이 든다.

그러나 때 아닌 폭설과 강풍이 부는 이상기후에 망쳐버린 농작물을 바라보고 있는 농부의 마음은 봄이 원망스러울 것이다. 밭고랑처럼 골진 이맛살을 찌푸리며 “무얼 먹고 사느냐, 하늘도 무심하시지!”라며 울먹이고 탄식하는 모습을 텔레비전에서 볼 때 마음이 아프다.

봄, 〈봄 처녀〉 노래처럼 새 풀 옷 입고, 꽃다발 가슴에 안고 조용히 곱게 새색시처럼 사뿐사뿐 오면 얼마나 좋을까?

희망의 봄이 기후 변화로 인해 절망의 봄이 되어버린 농부들에게는 정부에서 적절한 보상이라도 해 주었으면 하는 생각이 든다.

봄이 오는 길목, 무엇보다 달라진 것은 자연의 변화인 것 같다. 따뜻한 햇살 아래 훈훈한 봄바람이 불고 봄비가 촉촉이 내리더니 눈에 띄게 나무들이 달라졌다.

실핏줄처럼 얽혀 있는 잔가지까지 파란 피로 수혈을 한 듯 파란색이 돌고 새싹이 나며 잎이 피기 시작한다.

여기저기서 봄꽃 축제 소식이 들려오고 가는 곳마다 벚꽃이 흐드러지게 피었다고 야단법석이다. 벌써 남쪽에는 진달래꽃도 피었다고 뉴스 첫 기사로 전한다.

봄은 자연의 변화 못지않게 생활의 변화도 가져온다. 전주천 둔치 산책로에는 조깅하는 사람이 부쩍 많아졌으며, 시내 인근 산에는 등산객이 줄을 서고, 체련공원에는 운동하는 사람들로 북적거린다.

그뿐이 아니다. 계절과 가장 민감한 것이 옷차림인데 옷 색깔이 밝아졌으며 낮 뜨거울 정도로 아가씨들 옷이 짧아졌다.

너도나도 봄, 봄! 하며 들썩이는데 우리도 봄이 오는 소리 찾으러 야외로 나가보자는 아내의 성화에 못 이겨 나들이에 나섰다. 가는 곳마다 벚꽃이 한창 피어나고 들판이 파릇파릇하여 봄기분이 났다. 소양을 지나 화심에서 상관으로 빠지는 간선도로 주변을 헤매며 쑥과 돌나물, 냉이를 캤다.

봄나물을 보니 '봄이 오긴 왔나 보다.' 하는 생각이 들었다. "봄이 왔네, 봄이 와. 숫처녀의 가슴에도/ 나물 캐러 간다고 아장아장 들로 가네…" 콧노래도 불러보았다.

옛날 같으면 농부들이 논이나 밭갈이 하느라 소모는 소리가 메아리 되어 울려 퍼지련만, 털털거리는 경운기 소리가 산천을 뒤흔든다.

아무리 둘러봐도 아낙네들의 나물 캐는 모습도 밭에서 김매는 모습도 보이질 않는다. 이제는 도시, 농촌 어촌 할 것 없이 생활 도구도 삶의 방법도 달라졌다. 이랴 이랴! 소를 몰며 쟁기질 하고 호미로 김매는 소박한 풍경은 볼 수가 없다.

농사도 기계화가 되어 영농營農 방법이 달라졌기 때문이다. 오늘따라 옛날 어릴 때 고사리 같은 손으로 농사일을 돕겠다고 덤벙거리던 시절이 생각난다.

봄이 오는 길목은 이렇게 봄바람 타고 꽃향내 풍기며 아름답게 오는가 하면 이상기후로 긴 한숨을 안겨주기도 한다.

올해 봄은 또 하나의 중요한 국가적인 행사가 기다리고 있다. 내일 모레면 제19대 국회의원을 뽑는 총선거가 있다. 제발 이번 총선거 후에는 여, 야 화합하여 하나 되는 마음으로 선거 결과에 승복하고 겸허한 마음으로 받아들였으면 좋겠다.

유권자 국민들 또한 동, 서 영남, 호남 가리지 말고 인물 위주로 투표하여 튼실한 나라를 이끌어갈 일꾼을 뽑았으면 좋겠다.

올봄은 이상기후로 농민들의 시름도 컸고 국가적으로 중요한 행사가 있다. 재해를 입은 농민들을 따뜻한 마음으로 돕고 품어주며, 국민 모두 권리행사에 참여하여 희망의 봄이 되었으면 좋겠다.

(2012. 4. 9.)

딱따구리가 남긴 흔적

오늘도 창밖에선 포클레인 소리가 정적을 깨고 요동을 친다. 끝없는 소음과 계속되는 폭염, 열대야 현상에 불쾌지수가 상승하고 있는데 또 시작이다. 쉴 틈 없이 지나가는 자동차 소리, 분주히 오가는 행인들의 발걸음 소리, 가끔 왁자지껄 떠드는 아이들 소리 등 조용할 날이 없다. 거기다가 심심찮게 채소장수, 과일장수, 어물장수 등이 번갈아 지나가며, 주민들이 입을 정서적인 피해나 소음공해 등은 아랑곳없이 각기 다른 어조語調로 호객행위를 한다.

오늘은 또 무슨 공사를 하려고 이른 아침부터 멀쩡한 아스팔트길을 쪼아댈까?

희망찬 하루를 설계하기 위해 조용히 명상에 잠겨 있어야 할 시간에 도시 딱따구리 포클레인이 땅을 파고 암반을 쪼아대며 발광하듯 요란한 소리로 훼방을 놓는다.

"따-다-다, 따-다-다." 포클레인의 땅을 파고 돌 깨는 장단 가락이 깊은 산속이나 고향 마을 뒷동산 나무에서 쪼아대는 오색딱따구리 소리와 비슷하다. 그래서 언젠가부터 나는 포클레인 굴착掘鑿하는 소리만 들리면 '도시 딱따구리'가 나타났다고 했다. 오색딱따구리는 모양도 예쁘지만 "딱-딱-딱" 나무 쪼는 소리 또한 아름답다. 마치 관악기 두들기는 소리같이 산울림 되어 은은하게 들린다.

높은 나무에 딱 달라붙어 동그랗게 구멍을 내며 "딱-딱-딱" 쪼아대는 모습이 하도 신기하여 해지는 줄 모르고 나무 밑에 쪼그리고 앉아 바라보던 어린 시절과 고향 생각이 난다.

"따-따, 따따따." 이번에는 어쩌면 전쟁영화에서나 볼 수 있는 기관총 소리와 같다.

도시 딱따구리는 철새도 아닌가 보다. 어쩌다 비가 오는 날이나 눈이 많이 쌓이고 강추위가 심할 때면 뜸할까 텃새처럼 나타나 울어댄다.

산골 오색딱따구리는 나무를 쪼아 구멍을 뚫고는 유충을 잡아먹고, 컴퍼스로 원을 그리듯 만든 구멍 속에서 알을 낳고 새끼를 낳아 기른다.

그런데 도시 딱따구리 포클레인은 소음공해는 주지만 이제는 없어서는 안 될 생활도구가 되어버렸다. 땅을 파고, 운반하고, 암반을 깨고 부수며, 정리하는 등 못하는 일이 없다.

도시 딱따구리는 볼수록 신기하고 힘이 장사다. 고개를 숙였다 들었다, 허리를 구부렸다 폈다 마치 운동을 하듯 어마어마한 일감을 해치운다.

그러나 굴착작업을 하는 포클레인 소리는 그 소음공해가 여간 심한 것이 아니다.

도시 딱따구리 소리를 좀 줄일 수는 없을까? 우리나라는 3년 앞도 내다보지 못하고 토목공사를 하는 것 같다. 큰길 골목길 할 것 없이 상처, 수술 자국투성이다. 군데군데 땜질한 길 모양이 마치 더덕더덕 기워 입은 각설이 누더기 옷 같다.

땅속에는 상수도관, 하수도관, 오수관, 전화 케이블선 등 거미줄처럼 얽혀 있다. 몇 달 전에 오수관 공사한다고 땅을 파헤치고 주민들에게 불편을 주더니 1년도 못 가서 상수도 배관 공사, 가스관 공사 등으로 땅을 파고 묻고, 덮고 포장하고 줄지어 공사를 반복한다.

수술이 너무 심하다. 말없는 길이지만 생명이 있다면 얼마나 고통이 심할까?

지금도 포클레인 딱따구리 굴착작업 소리가 귀에 생생하게 들린다.

선진국 대열에 들어선 경제대국이라면서 그렇게도 장기적인 안목 없이 예산을 낭비하고 시민들 생활에 불편을 준다는 말인가?

부끄러운 일이다. 왜 그리도 앞을 바라보고 장기계획을 세워 실천하지 못한단 말인가? 한번 굴착했을 때 각종 공사기관이 상호 협력하여 필요한 공사를 한꺼번에 하면 파헤치는 작업을 반복하지 않아도 되지 않을까 하는 생각이 든다.

쾌적한 자연환경 조성과 예산을 절감하며, 소음공해 및 통행에 불편을 줄일 수 있도록 세심한 공사기획과 환경미화에 힘썼으면 좋겠다.

이젠 목청도 좋지 않은 도시 딱따구리 소리를 제발 줄여 정적인 공간 속에 명상을 하고 정서적인 생활을 하는 데 도움을 주었으면 한다.

(2012. 8. 2.)

바람맞은 생일파티

내 서재書齋 창 너머로 뒷집 마당의 제법 큰 감나무가 바라다보인다. 주인아저씨의 지극정성으로 관리한 덕인지 감이 주렁주렁 열려 그동안 별로 길가에 떨어져 있는 것을 보지 못했다. 그러나 태풍 '볼라벤' 심술 때문에 거의 떨어져 버리고 몇 개 안 남았다.

거기다가 감잎은 마치 가을 단풍이 들어 낙엽이 지듯 떨어지고 갈라져 감나무 뒤에 있는 건물과 먼 산이 훤히 내다보인다.

그동안 무심코 봐왔던 감나무 잎에 관심을 갖다 보니 자연재해라 하지만 속절없이 할퀴고 간 흔적이 얄밉고, 마음 한구석이 텅 빈 것 같아 허전하다.

그러고 보니 감나무만 태풍을 맞은 것이 아니라 내 생일파티도 엊그제 지나간 태풍 여파인지 바람을 맞은 셈이 되었다. 달력에 큼지막하게 동그라미를 그려놓고 온 가족이 모여 시끌벅적하게 지낼 것을 기대하면서 손꼽아 기다렸다. 그러나 기대했던 예순여덟 번째 내 생일은 아쉽게도 아내와 단둘이 생일상을 마주하고 아침식사를 했다.

아이들처럼 케이크에 촛불 켜놓고 "생일 축하합니다." 그 노래 한 마디가 아쉬웠던지 아니면 보고 싶은 아들손자 며느리를 못 보아서였던지 우울하고 심통이 났다.

아내에게 무심하고 냉정하게 한 나의 행동도 마음에 걸리고 미안한 생각이 자꾸 든다. 애써서 차린 공도 아랑곳없이 단둘이 생일상을 먹으면 어떻다고 미안한 표정을 지으며 "생일축하해요." 하는 나지막한 아내의 말에 '고마워요.' 말 한 마디 못하고 '진수성찬이네.' 하고 얼버무렸을까 후회가 된다. '사랑해요.' 그 한 마디 하는 것이 무엇이 어려워서 지금껏 턱밑까지 올라와도 속으로만 삼키고 마는지 모른다.

지난 토요일 큰아들 내외와 손자들이 와서 식사 대접도 받고 기쁨도 나누었지만 딸과 막내아들이 여러 가지 사정상 못 내려온다는 전화를 받은 뒤부터 못내 아쉽고 서운하기만 하다. 마음을 털고 웃음을 보이려 해도 마음대로 되질 않는다.

"이젠 자식에 대한 지나친 욕심, 바람이나 품안에 끼고 살려는 마음을 내려놓으시오."라는 아내의 말이 오늘따라 되뇌어진다.

우리 속언에 '다섯 손가락 깨물어 안 아픈 것이 없고' '가지 많은 나무 바람 잘 날 없다.'란 말이 있다.

오늘 내 생일을 맞고 보니 모두가 일리 있는 말인 것 같다. 자식 2남 1녀를 두었으니 그렇게 가지가 많은 나무도 아니다. 자녀를 적당히 두었다고 부러워하는 사람들도 많다. 그런데도 연약한 가지가 바람에 흔들린 것을 볼 때면 걱정이 된다. 더 큰 태풍이 닥칠까 봐 걱정이 된다.

이번 '볼라벤'보다 더 강한 태풍에도 이겨낼 수 있는 방호벽을 만들 경제력과 안정된 일터를 마련할 수는 없을까? 그렇다고 내가 바람막이가 되어줄 힘도 재력財力도 없다.

나는 이번 태풍을 통해서 느낀 점이 아주 많다. 사람의 힘으로는 어느 누구도 자연재앙을 막을 수 없으며 자연에 순응하며 살아야 한다는 것이다. 늘비하게 쓰러져 있는 아름드리 조경수造景樹, 처참하게 갈기갈기 찢어진 천막, 힘없이 떨어진 간판 그리고 땅에 떨어진 과일을 보았다. 전국 곳곳에서 피해 복구하느라 야단법석이다.

갈기갈기 찢긴 감나무 잎을 물끄러미 바라본다. 싱싱하고 왕성하게 자라던 감나무 가지가 잘리고 잎이 찢기어 나갔으니 얼마나 고통이 심할까? 가슴이 아프고 측은하다.

매년 돌아오는 생일, 허전함을 넓은 아량으로 넘길 만도 한데 서운한 감정을 추스르지 못하고 잠시나마 서운한 감정에 사로잡혔으니 부끄럽고 한편 죄 없는 아내에게 미안한 생각이 든다.

매년 여름 이맘때면 연례행사처럼 찾아오는 태풍, 내년에는 조용한 여름이 되고 온 가족이 한데 모여 '생일 축하 노래'를 부르며 시끌벅적하게 사랑 대화 나눴으면 좋겠다.

(2012. 8. 30.)

새해 아침의 꿈

희망찬 계사년 새 아침이 밝아온다. 아침 일찍 잠이 깨어 텔레비전을 켜니 어둑한 새벽인데 벌써부터 여기저기서 해맞이를 위해 산에 올라 환호성을 지른다. 두 손을 합장하고 가족의 건강과 소망을 비는 사람, 사업번창과 부자 되게 해달라고 비는 사람, 나라의 안정과 경제발전을 비는 사람, 야-호! ㅇㅇ야 사랑하는 연인 이름을 부르는 사람… 현장을 취재하는 리포터의 질문에 답하는 사람들 소망은 각기 달랐다.

올해는 유달리 국민들의 새해 아침 바람이 많은 것 같다. 새해의 시작과 함께 새 정부가 출범하여 새로운 시대로의 항해를 시작하기 때문이다. 따라서 각계각층 국민 모두 각기 다른 소망과 꿈을 갖고 행복하고 건전한 사회가 이룩되기를 소원한다.

나는 새해 아침 무슨 소망을 빌어볼까? 나이 탓인지 간절한 소망도 가슴 부풀 만한 꿈도 선뜻 떠오르지 않는다. '꿈도 소망도 없단 말인가?' 그러나 새해 첫날 아침이니 무엇인가 기대를 갖고 결심하여 작은 소망이라도 이루어 봐야겠다는 생각이 떠나질 않는다.

새 학기가 시작될 때마다 아이들에게 들려주던 '높이 나는 새가 멀리 본다.'는 ≪갈매기의 꿈≫의 한 구절이 생각난다.

희미하게 여명이 밝아오기가 바쁘게 핸드폰 벨이 울려댄다. "새해 복 많이 받으세요."라는 인사말과 함께 덕담 메시지다.

"소망 꼭 이루세요.", "소원 성취하세요."가 "건강하세요.", "복 많이 받으세요."보다 더 어려운 과제처럼 마음의 부담으로 느껴진다.

우리 집 신년 소망과 꿈은 무엇으로 정할까? '가족 모두 건강하고 근심 걱정 없는 해'로 정하고 싶다. 또 노후에 삶의 질을 높이고 여가생활을 보람 있게 하겠다는 일념으로 노력하는 서예, 문학 활동이 좀 더 발전했으면 하는 생각이 들었다.

새해의 소망과 꿈이 겨우 가족 걱정과 나 개인의 여가생활이라니 웃음이 난다. 백범 김구 선생은 일흔둘에 쓴 〈나의 소원〉이란 글에서 '나의 소원은 우리나라 대한의 완전한 자주독립'이라고 세 번이나 거듭 말했다고 한다.

그러나 꿈과 소망은 이렇게 국가 안위나 경제발전을 걱정하는 큰 소망을 가질 수도 있지만 작게는 가정과 개인의 안녕과 발전을 빌 수도 있다.

나는 몇 년 전에 ≪공무원연금≫ 월간지에서 재미있는 신년사, 바람을 읽은 적이 있다. '우리 집 신년사' 라는 코너에서 모두 관념적觀念的이거나 통상적通常的 바람을 말하였는데 '되는 대로 살자, 그러나 함부로 살지 말자.'라는 재미있는 새해 가정 신년사를 내건 사람이 있었다. 이런 신년사를 내놓은 이유를 읽어보니 그럴듯하고 수긍이 갔다. 뜻을 요약해 보면 세상만사 마음먹은 대로 안 되는 일이 많으니 매사를 긍정적으로 받아들이고 감사하는 마음으로 살자는 것이다. 또한 하는 일이 안 된다고 함부로 살아서는 안 된다는 뜻이다. 참 재미있고 감성을 자극할 만한 소망이요 바람이었다.

누구나 새해가 되면 이렇듯 각종 소망과 결심 그리고 꿈을 마음속으로 다져본다. 운동, 금연, 금주, 독서, 체중감량, 봉사 등 작은 습관에서부터 경제적인 저축, 사업설계 등 큰 꿈을 그리며 생각의 탑을 쌓아본다.

그러나 소망과 꿈을 이루기 위해 결심하고 노력했으나 이루지 못하고 중도에서 포기해 버리는 일들이 많다. 어느 보도에 의하면 새해 결심을 제대로 실천하는 사람은 열 명 중 한 명 정도라는 글을 본 적이 있다. 작심삼일作心三日이란 말이 실감이 난다. 그래도 희망을 갖고 실천해보려는 결심을 하는 것이 안 하는 것보다 몇 배 낫다는 생각이 든다.

인간의 삶에서 꿈과 소망이 없다면 동물과 무엇이 다르랴. 나의 소망과 꿈이 비록 작은 개인의 건강과 근심 걱정 없는 생활, 취미생활의 활성화로 귀결지어 보았지만 좀 더 바람직한 꿈을 갖고 이루어졌으면 하는 생각도 든다. 예를 들면 사회에 봉사하는 마음을 갖고 불우한 이웃의 빈 그릇에 온기가 돌도록 나눔, 기부, 봉사의 마음을 키워가는 사회풍토가 조성되었으면 한다.

새해 새아침 작든 크든 다짐하고 결심한 꿈 이루어지도록 노력이 필요하겠다. '새해의 시작도 새 하루부터 시작된다.'는 말이 있듯이 미루지 않고 차근차근 실천해가는 끈기가 있어야 할 것이다.

날마다 태양이 뜨고 일과가 시작되는 아침이지만 오늘 새해 새아침 처음, 첫날에 느끼는 기대와 가슴 설렘이 숨결의 박동을 가쁘게 한다. 가슴 설레는 이 마음을 기억하면서 희망의 끈을 놓지 않고 슬기롭게 준비하여 소망이 이루어지는 삶이 되었으면 좋겠다.

(2013. 1. 1.)

그때 그 시절 울림소리

포도 사라고 외치는 과일장수의 울림소리가 점점 가까워진다.

"포도 설탕 포—도, 포도가 왔어요. 달콤하고 맛있는 포도가 왔어요." 여느 장사꾼들의 외치는 소리와는 다르게 친근감이 들고 동정심이 마음 한구석에서 꿈틀거린다.

어쩐지 낯설지 않고 귀에 익은 듯한 정감 있는 외침이다. "찹쌀떡, 메밀묵 사—려." 바로 그 소리 같다.

포도 사라고 외치는 톤과 리듬감이 애원하듯, 한밤중 적막을 뚫고 골목길 울림소리를 내며 지나가던 찹쌀떡 파는 소년의 몸부림 같은 소리와 비슷하다.

그때 그 시절이 생각난다. 동무들과 하굣길에 소나무 생키 벗겨 먹고 삐비 뽑아 먹고, '찔룩' 꺾어 먹으며 진달래꽃 따먹던 시절.

졸졸졸 흐르는 시냇물 따라 집에 오다가 버들피리 만들어 불고 모래밭에서 조개 잡던 시절이 떠오른다.

학교에서 나누어준 우윳가루와 끓여준 우유로 허기 달래고 깍두기, 소금 반찬에 꽁보리밥 도시락 까먹던 그때 그 시절….

컴퓨터도 휴대폰, 텔레비전도 없었다. 라디오 연속극을 듣기 위해 부잣집 앞마당에 온 동네 사람이 모였던 시절이다.

어쩌다 저 멀리 고개 너머 털털거리며 내려오는 트럭 한 대만 보아도 '차 방구' 큰소리로 손가락질하며 새까만 연기를 쐬고 뒤따라 달렸던 모습이 생각난다. 그때는 온 산과 들 시냇가 자연이 놀이터요 친구였다.

그때 그 시절! "찹쌀떡, 메밀묵 사-려." 처량하게 들리던 골목길 울림소리가 귀에 쟁쟁하다. 창밖에 흰 눈이 소복이 쌓이면 아궁이에 장작불 지펴놓고 온 가족이 한방에서 이불 속에 발을 넣고 추위를 달래었다.

이때만 해도 손수 재배하고 농사를 지어 자급자족해서 과일장수, 채소장수 등의 외침은 들어본 기억이 없다.

어쩌다 엿장수 가위 소리나 굴뚝 청소하라고 "뚫—어." 하고 외치는 소리, 땜쟁이 아저씨의 "바싹 깨진 솥 때—워" 하고 외치는 소리는 기억이 난다.

그러나 요즈음은 먹을거리 장사가 줄을 잇는다. 농산물, 해산물 골고루 팔러 다닌다. 먹을거리 장수마다 외치는 소리 또한 다양하다. 음악에도 맑고 고운 소리가 있고 탁하고 시끄러운 소리가 있듯이 장사꾼들의 외침 또한 감정에 따라 다르다.

같은 과일장수 외침이지만 며칠 전 "포도, 포도 포도가 왔어요.

포도 사요.” 따발총 쏘듯 숨이 넘어가게 연거푸 외쳐대는 사람이 있는가 하면, “포도 설탕 포—도, 포도가 왔어요. 포도가 한 소쿠리에 삼천 원, 한 상자에 만 원” 감정을 넣어 맛깔스럽게 외쳐대는 소리가 있다.

같은 포도장수 외침이지만 전자에 비해 후자의 외침은 우리 가락을 감상하고 고전을 읽는 듯한 기분이 든다.

조금 있으려니 이번에는 채소장수가 귀청이 터지도록 큰소리로 외쳐댄다. 무, 상추, 고추, 대파, 청양고추, 하지감자, 양파… 있는 대로 불러댄다

얼마 있으려니 이번엔 생선장수가 차에 음악까지 요란하게 틀어놓고 외치며 점점 우리 집 근처 골목길로 들어선다. “갈치, 명태, 꽁치, 고등어가 왔어요, 눈을 떴다 감았다 싱싱한 갈치가 왔—어—요.” ‘왔어요.’를 길게 소리 높여 노래 부르듯 늘여 뺀다. 너무나 재미있지만 허풍을 떤다는 생각이 든다. 수족관도 아니고 다 죽은 갈치가 눈을 떴다 감았다 한다니 물건을 팔려는 상술이다.

아직 한나절도 못 되었는데 세 명의 장수가 지나갔다. 주택에서 살다 보니 시끄럽고 짜증이 날 때가 한두 번이 아니다.

그때 그 시절 울림소리가 그립고 생각난다.

이랴! 이랴! 혀 차는 소리, 농부들의 밭갈이, 논갈이 하며 소모는 소리가 농촌에서도 들을 수 없다. 그렇게도 정감 있고 아름다운 산울림 메아리였었는데…. 이제는 소모는 소리 대신 경운기, 트랙터 소리가 귀를 찢어댈 듯한 소음을 내며 산천을 뒤흔든다. 그래서 그런지 아름답게 지저귀던 새들의 울음소리도 듣기가 힘들다. 시끄러

워 산속으로 꼭꼭 숨어버렸다.

산업의 발달과 기후변화로 생태계 파괴와 듣지 못한 아쉬운 울림 소리는 한두 가지가 아니다. 비 소식 일기예보라도 알리듯 울어대던 맹꽁이, 개구리 소리도 듣기가 힘들고, 풀벌레 소리도 멀어진 지 오래다.

그러나 오늘은 포도장수 외침이 어쩐지 찹쌀떡 메밀묵 장수 소리 같아 그때 그 시절 추억이 떠오르고 뒤돌아봐진다.

고요한 적막을 깨고 “찹쌀떡, 메밀묵 사―려.” 하고 정감 있고 처량하게 외치던 그 소리가 귀에 들리는 듯하다.

(2013. 5. 29.)

인생 제2막을 위하여

요즈음은 "인생은 70부터다."라고 말하는 사람이 많다. 그만큼 의학이 발달하고 건강관리를 잘하여 평균수명이 길어졌기 때문인 것 같다.

그러고 보면 고희古稀를 바라보는 내 인생도 제2막이 오른 셈이다. 따라서 젊은 시절 인생 1막 못지않게 노년기 인생 2막을 아름답고 멋지게 수를 놓기 위해 건강관리에 힘쓰고, 취미생활에 여가를 선용하려고 노력하고 있다.

오늘 노인복지관 방송봉사를 위해 어젯밤 자정이 넘도록 원고 작성하느라 시름하였다. 한 달에 2회 정도 하는 방송이지만 원고 작성할 때마다 망설여지고 걱정이 앞선다. 벌써 방송 봉사활동한 지 3년째 접어들었다. 너무 힘들고 일에 쫓기다 보면 왜 사서 이런 고생을 할까? 하고 후회도 해보지만 이 모두가 인생 제2막을 빛내기 위한 삶의 과정이 아닌가 생각하며 힘을 얻는다.

지인知人들은 이제 그만 편안하게 적당히 여생을 즐기며 살지 늙어서 무엇을 배우려고 그리 욕심을 부리고 탐을 내냐고 충고 섞인 당부의 말을 한다. 가끔 아내한테 볼멘소리를 듣기도 한다. "어떻게 직장에 다닐 때보다 더 바쁘고 집에 있는 시간이 적어요."

그러나 나는 인생 1막 못지않게 2막을 더 멋지고, 아름답고 보람 있게 살겠다고 다짐하고 마음먹은 지 오래다.

하루가 학창 시절 생활계획표를 짜서 실천하듯이 빈틈없이 돌아간다. 오전에는 일상화되어버린 탁구나 테니스 운동, 복지관에서 주 2시간 정도의 컴퓨터, 문인화 공부, 오후에는 매일 학원에서 서예 수련을 하고 있다. 거기다 작년부터 주 2회씩 '지역 아동센터'에서 어린이들 서예지도 강사로 활동하고 있다. 하루를 돌아보면 쉴 틈 없는 바쁜 일과에 아내의 불평이 나올 만도 하다.

이렇게 쉴 틈 없이 꾸준히 노력한 탓인지 삼 년 전에 수필 작가 등단의 기쁨도 맛보았고, 서예도 도 초대작가 증서도 받았다. 오래 전부터 이루고 싶은 꿈을 늦게나마 이룬 것이다.

이렇게 숨 가쁘게 달려온 각종 취미활동이 인생 제2막을 더 아름답게 수놓으려 노력한 결실인지도 모른다.

어젯밤 늦도록 시름하며 작성한 원고 생각이 난다. 내가 맡은 방송은 화요일 〈문학산책, 어느 시인의 노래〉이다.

이번 주 소개할 시로 고은 선생의 ≪순간의 꽃≫ 시집에 있는 〈그 꽃〉 시와 시에 담긴 뜻, 고은 선생의 약력 등을 방송원고로 작성하였다.

'내려갈 때 보았네/ 올라갈 때 못 본/ 그 꽃' 이 시를 방송 주제로 원고를 작성하면서 인간의 삶에 대해서 많이 생각해보았다. 인생의 제1막을 돌아 제2막 반환점은 어디일까? 어른이 되어가는 것은 올라갈 때이고, 환갑을 지나 고희를 바라보면 내려올 때일까?

이 시는 올라갈 때도 힘들지만 내려올 때 더 힘드니 조심하라는 깨달음을 주는 듯도 하다.

일은 시작할 때도 중요하지만 끝날 때 즉 일을 마칠 때가 더 중요하며, 내면을 충실히해야 한다는 교훈을 주는 것 같기도 하다.

나는 요즘 올라갈 때 보지 못한 꽃에 눈을 떼지 못하고 관심이 많아졌다. 즉 젊었을 때 해보지 못한 일에 관심이 많아졌다.

올라갈 때 못 본 꽃, 내려올 때 보았듯이 우리 삶에서 가끔은 그늘진 곳에서 힘들게 살아가는 사람들을 눈여겨보고 부축해줄 수 있는 삶을 살아야 한다는 생각이 들었다.

인생 제2막을 더 아름답게 꾸미고 빛내야겠다는 생각과 다짐을 하는데 더 단단히 굳어지게 온도를 높여주고, 항상 용기를 북돋아 주는 방송 팀원의 말이 귀에 생생하게 떠오른다.

지치고 힘겨워 할 때마다 "힘내세요, 긍지를 가지세요. 지금이 더 귀중하답니다." 이런 말을 해준 적이 있다. "맛을 내는 데는 소금이 중요하고, 소금보다 더 귀중한 것은 황금이며, 황금보다 더 귀중한 것은 지금이다."라고 했다. 평범한 말 같지만 현재에 충실하라는 진리의 말 같은 생각이 든다.

인생의 제2막을 보람 있고 아름답게 장식하는 데는 무엇보다 또 하나의 중요한 요소가 '마음가짐'이라고 본다.

"생각이 바뀌면 행동이 바뀐다."라는 말이 있듯이 매사가 마음먹기에 달려 있는 것 같다. 어떤 일이든지 얼마나 열심히 긍정적인 생각을 갖고 충실하게 노력하느냐에 따라 승패 여부와 결과가 달라진다고 본다.

무엇보다 인생 제2막을 환호 속에 박수 받으며 무대를 장식하려면 노인이란 멍에가 큰 벼슬이나 된 것처럼 남이나 자녀들에게 의존하려는 생각을 버리고 자신에 대한 자학自虐과 연민憐憫에서도 벗어나야 한다고 본다.

한편 새로운 시대에 적응하려면 '평생교육' 하는 자세로 배우고 익혀 지식의 폭을 넓혀야겠다.

그리고 자동차가 브레이크를 밟아 안전운행을 하듯이 건강도 체크하며, 주위를 살피고 쉼표도 찍고 느낌표도 찍으며 가끔은 몸과 영혼을 위해 여행이나 시청각문화를 즐기며 인생 제2막을 아름답게 장식해야겠다.

(2013. 6. 20.)

우여 우여– 하!

오늘도 우여— 하! 소리가 넓은 운동장에 울려 퍼진다. 테니스 코트가 12면이나 되어서 그런지 웬만한 학교 운동장보다 넓다.

그 넓은 운동장에 울려 퍼지는 소리는 영락없이 벼가 누렇게 익어가는 농촌 들녘에서 새 쫓는 소리요, 태권도 도장에서나 들을 수 있는 기합氣合소리다.

그러나 그 소리는 새 쫓는 소리도 아니요, 체육관에서 흘러나오는 기합 소리도 아니다. 우여 우여— 소리는 네트 너머로 테니스공을 넘길 때마다 힘들여 지르는 노익장老益壯들의 몸부림 같은 소리다.

이번에는 하! 소리가 우여— 소리에 장단이라도 맞추려는지 대학 캠퍼스 건물에 부딪혀 울림이 되어 메아리를 남긴다. 역시 젊은 여자 회원이 공을 칠 때마다 지르며 힘주는 소리다.

오늘 아침에도 8시가 되자 하나둘 '생테모' 회원들이 모여든다. 언제 들어도 '생테모' 이름은 참 재미있다. 지금부터 3년 전 생활체육 테니스 레슨 받을 때 뜻을 같이한 사람들이 모여 만든 동아리다. 그래서 '생활체육 테니스를 사모한다.'는 뜻에서 붙여진 이름이다. 첫 글자를 따서 '생테모'라고 붙인 것이다. 요즈음은 100세까지 변치 말고 한마음 한뜻으로 이대로 쭉 가자는 뜻에서 '한길'로 이름을 개명改名하자는 회원도 있다.

생활체육에서 만든 동아리여서인지 남녀노소는 물론 회원 간의 연령 차이가 매우 심하다. 40대부터 시작하여 80에 가까운 노인들까지 있다.

이처럼 다양한 회원 구성 때문인지 우리 모임을 이상한 눈빛으로 바라보며 무슨 재미가 있느냐고 물어보는 사람도 있다.

그럴 때마다 입에 침이 마르도록 자랑을 늘어놓는다. '생테모' 모임은 운동하는 것도 즐겁지만 사랑과 존경으로 맺어진 동아리이기에 대가족 같은 느낌이 든다며, 모두가 견해의 차이라고 장황하게 설명한다. 언제나 윗사람을 존경하는 마음과 아랫사람을 사랑하고 배려하는 마음이 한데 어우러져 한때 유행어처럼 번졌던 "형님 먼저, 아우 먼저"다.

공을 칠 때는 물론 음식을 나누어 먹을 때도…. 심지어 물 한 잔도 "형님 먼저 언니 먼저" 드시라고 양보하고 권한다. 이런 화목하고 단란한 분위기 때문인지 한여름 무더위에 조심하라는 폭염주의보도 아랑곳하지 않고 모인다.

나 또한 내일 모레면 고희古稀를 바라보는 나이로 무리라며 건강을 생각하라는 아내의 만류와 성화에도 불구하고 매일 출근하다시피 한다.

오늘도 역시 아침밥을 먹자마자 시계를 들여다보며 '구름아, 제발 해님 좀 가려다오.' 간절한 마음으로 창밖의 하늘을 쳐다보며 가방을 둘러메고 테니스장을 찾았다.

공을 넘길 때마다 유난히 큰 목소리로 우여— 하고 공을 치는 칠순 회원의 모습을 물끄러미 바라보며 고향 생각이 나서 잠시 향수에 젖어본다.

"후여! 훠이 훠이!" 목이 쇠도록 새를 쫓았던 그때 그 시절….

참새와 숨바꼭질이라도 하듯 깡통을 두드리며 이쪽으로 가면 저쪽 귀퉁이에서 앉아 벼를 쪼아대고, 저쪽으로 가면 또 이쪽으로 와 벼를 까먹으니 목이 쇠도록 외쳤던 그 소리…. 리듬과 여음餘音이 너무도 비슷하다.

공을 칠 때마다 지르는 고함도 재미있지만 빼놓을 수 없는 또 한 소리가 있다. 하—하—하— 간드러진 웃음소리다. 보통 웃음소리가 아니다. 간드러지고 리듬감 있게 웃는 젊은 여자 회원의 웃음소리에 여기저기서 하—하—하— 따라서 흉내를 낸다.

웃음 하나로 대스타 반열에 오른 전원주 탤런트 생각이 난다. 예로부터 '웃으면 복이 온다.'고 해서 소문만복래笑門萬福來라 했으며, '웃을수록 젊어진다.'고 해서 일소일소一笑一少라는 말도 있다. 미소는 돈 들지 않으니 부자나 가난한 사람이나 누구나 누릴 수 있으며, 미소는 가정에 행복을 더하고 슬퍼하는 자에게 위로가 된다. 또한 미소는 피곤할 때 피로를 회복할 수 있는 휴식의 효과도 있다고 한다.

이처럼 웃음은 건강과 직결되어 연구, 개발되고 있으며, 많은 사람들이 웃고 살려고 노력한다.

여기저기서 시끌벅적하게 떠들며 테니스 게임하는 모습을 물끄러미 바라보았다. 이젠 나이를 생각하고 체력관리를 위해서라도 가벼운 탁구나 걷기운동을 해야겠다고 마음먹으면서도 테니스 운동의 매력과 가족 같은 '생테모' 동아리 회원들이 그리워 내 자신도 모르게 발길을 옮기곤 한다.

어쩌면 향수 어린 우여— 하! 그 소리가 듣고 싶고, 한바탕 하나 되어 웃어대는 하—하—하— 합창으로 소리를 지르고 싶어 테니스장을 찾는지도 모르겠다.

삼복더위 폭염暴炎 속에서도 새 쫓는 소리 같은 우여— 소리와 사라포바 테니스 요정이 지르는 듯한 하! 소리가 오늘도 멀리멀리 메아리친다.

(2013. 8. 3.)

엄지족과 수그리족

나이를 먹을수록 명절이 기다려진다. 어린이도 아니요, 이팔청춘도 아닌 고희를 바라보는 나이인데….

이렇게 명절이 기다려지는 데는 그만한 이유가 있다. 자녀들이 결혼하여 멀리 떨어져 살다 보니 이산가족 상봉하듯 집안 행사나 명절이 되어야 모두 한자리에 모일 수 있기 때문이다. 그런데 그렇게 보고 싶어 기다리던 손자 손녀를 만났는데 올 추석에는 어쩐지 허탈하기만 하다.

집에 오자마자 초등학교 다니는 손자들과 이제 6세밖에 안 된 손자 손녀가 또래끼리 두 패로 나누어 스마트폰과 게임기로 게임하느라 정신이 없다,

작년까지만 해도 컴퓨터게임을 서로 먼저 하려고 싸우고 난리더니 이제는 게임기나 스마트폰을 손에서 내려놓을 줄을 모른다.

나는 보다 못해 큰손자들 편에 다가가 "야! 너희들 뭐하니." "게임해요" "할아버지랑 윷놀이 할까?" "아니요." 이번에는 큰방 아랫목 구석에서 고개를 수그리고 게임에 빠져 있는 6세 동갑내기 손자 손녀에게 "할아버지랑 놀까?" 하고 말을 건네자 들은 척도 않고 획 돌아앉는다.

고사리 같은 두 손가락을 오므렸다 폈다 하더니 엄지와 집게손가락으로 정신없이 자판을 두드린다. 저 어린아이들이 어떻게 찾아할 수 있을까? 신기하기만 하다. "어떻게 하는 거냐?"라고 묻자 힐끔 쳐다보더니 돌아앉으며 "할아버지는 몰라요." 합창하듯 대답을 한다.

그동안 얼마나 벼르고 기다렸는데…. 서운함과 허탈한 마음이 밀려온다. 그래도 대견스럽고 예쁜 마음에 멍하니 바라보았다.

저 어린것들이 엄지와 검지로 키보드를 두드리며 고개를 수그리고 있으니 고개가 얼마나 아프고 눈이 나빠질까? 걱정이 된다.

요즈음 젊은이들의 휴대폰 사용하는 모습을 보고 '엄지족, 수그리족'이라고 부르더니 이제는 '터치족'까지 생겼다.

스마트폰을 집게손가락으로 튕기는 모습을 보면 어릴 때 땅따먹기 놀이하던 생각이 난다.

얼마 전의 일이다. 자전거를 타고 가다가 하마터면 아가씨와 부딪혀 사고가 날 뻔했다. 문자를 보내는지 길을 비킬 줄도 모르고 고개를 숙이고 스마트폰에 손가락 놀림을 하며 그대로 걸어왔다. 아무 생각도 없이 알아서 비켜가라는 태도였다.

어디 그뿐이랴? 사람들 모이는 공공장소에 가면 스마트폰 사용하느라 엄지와 검지가 춤을 춘다. 또한 주위 사람들이 감당해야 할 소음공해는 아랑곳없이 큰소리로 통화를 한다.

어떻게 보면 참 살기 좋은 세상이긴 하다. 몇 년 전 폴더폰을 사용할 때만 해도 이동 전화기를 가지고 다닌다고 했는데 스마트폰이 나오면서 이제는 컴퓨터를 휴대하고 다니는 것이다. 인터넷은 물론 쇼핑, 사진촬영, 음악 감상, 길 안내 등 못하는 것이 없으며 각종 정보를 얻을 수 있게 되었다.

이제는 폴더폰을 사용하는 사람을 가리켜 '아날로그 세대'라고 하고, 스마트폰을 사용하는 사람을 '디지털 세대'라고 부른다. 아직도 나는 폴더폰을 사용하고 있으니 아날로그 세대 즉 구세대이다.

우리 생활이 이렇게 첨단과학의 발달로 편리해지고 문명의 이기를 누릴 수 있는지는 모르지만 기계에 예속되는 느낌이 든다.

나는 이번 손자, 손녀들이 스마트폰 게임만 하려는 것을 보고 느낀 바가 많다. 어린이들까지 우리 고유의 풍습인 전통놀이에는 관심이 없고 안 하려고 하는 현실을 볼 때 걱정이 된다. 날이 갈수록 상호 간에 대화가 줄어들고 정서가 메말라 가고 있다.

더욱 염려되는 것은 청소년들이 게임중독에 빠져 몸이 약해지고 사행성 놀이에 빠질까 하는 것이다. 언젠가 텔레비전에서 온종일 게임만 했으면 좋겠다는 학생을 본 적이 있다. 또한 휴대폰 과다 사용으로 목 디스크가 생기고 손가락 병이 생기기도 한다는 방송을 본 적이 있다.

이대로 가면 우리 고유의 전통놀이가 역사 속으로 사라지고 후손에게 계승 발전되지 못할까 걱정이다.

기계문명과 통신수단의 발달로 '엄지족', '수그리족'이 늘어만 간다. 하지만 건강을 해치고 몸 자세가 바르게 자라지 못할까 걱정이며, 스마트폰 터치하듯이 매사를 쉽게 처리하고 나는 못한다고 튕기는 모습으로 변할까 염려스럽다.

(2013. 9. 20.)

배움에 나이가 있나요

인간의 평균수명이 길어지면서 삶에 대한 마음가짐과 생활문화도 달라진 것 같다. 요즈음 주위에서 보면 "마음은 청춘인데…, 나이는 숫자에 불과하다."라는 말을 흔히들 한다. 그런가 하면 우스갯소리로 사랑도, 젊음도 자신 있고 한창 때인 양 빗대어 〈내 나이가 어때서〉 인기가요 한 소절을 자랑 삼아 부른다.

이렇게 젊게 살려는 모습은 노인복지관이나 문화회관 등에 가보면 실감이 난다. 내가 가끔 가는 '덕진복지관'만 해도 70세가 넘은 할아버지, 할머니들이 문 열기가 바쁘게 기다렸다는 듯이 몰려온다. 탁구나 당구를 치는 사람, 헬스 운동하는 사람, 노래 부르는 사람… 가는 곳마다 만원이다.

그런가 하면 수많은 교육프로그램이 빈자리 하나 없이 성황을 이루어 '평생교육' 슬로건의 필요성이 실감이 난다.

이 모두가 인간 평균 수명이 길어지면서 노후의 삶의 질을 높이기 위한 노력이 아닌가 싶다.

내가 교직을 퇴직하고 노인복지회관 출입한 지가 벌써 5년째이다. 처음에는 누가 볼까 봐 주저주저하고 회원 가입할 용기가 나지 않아 망설이며, 살짝 왔다만 가고 왔다만 가고 한 기억이 새삼스럽게 떠오른다.

그동안 나는 수필반, 문인화반, 탁구동아리 활동 등을 하며 새로운 지식과 정보도 얻고 보람 있게 보냈다. 올해는 문인화 공부와 컴퓨터 두 가지 수강을 하고 있다.

컴퓨터 프로그램을 수강하면서 배운 것도 많지만 고희古稀를 지나 팔십이 넘은 어르신들의 컴퓨터를 배우려는 향학열에 머리가 숙여지고 감탄사가 절로 나온다.

컴퓨터 '독수리 타법'으로 타자하는 광경을 한두 번 본 일은 있지만 수강생 반 이상이 새가 모이를 쪼듯 독수리 타자하는 모습을 보니 재미도 있고, 한편 얼마나 고생이 많을까 마음속으로 위로해주고 싶은 생각이 든다.

초보 컴퓨터 어르신 수강생들을 열과 성의로 가르치시는 여강사님은 이제 50이 조금 넘어 보인다. 그러고 보면 강사님과 수강생들과는 막내딸이나 손녀 정도의 나이 차이가 있어 보인다. 이런 가운데도 학습 분위기가 너무도 자유스럽고 재미가 있다.

어르신들과 선생님의 대화 내용이 너무 재미가 있어 몇 가지만 기록해본다.

(노) "선생님, 이리 좀 와 봐, 갈매기가 생겼어."

(선) "먼 갈매기가 생겨— 띄움표(∨)? 생각도 잘혀."

(선) "오른쪽 마우스를 두 번 클릭혀 봐."

(노) "클릭이 뭐여, 두드려? 두 번이나."

(선) "그려, 그만허고 여기 좀 봐."

(노) "저장되었는가 모르겠네?"

(선) "안 혀도 괜찮혀, 인제 집에 가요."

(노) "안 불렀는디 왜 왔다 갔다 혀."

(선) "보고 싶어서…."

끝이 없다. 대화 내용이 너무도 재미있고 영락없이 할아버지와 철없는 손녀딸 주고받는 이야기 같다. 항상 화기애애한 분위기 속에 강의 내용이 너무도 잘 전달된다. 정말 명강의다. 그래서인지 컴퓨터 시간이 재미있고 기다려진다고들 한다.

아쉬운 컴퓨터 시간을 마치고 나오면 바로 옆 교실에서는 한글 기초반 수업이 진지하게 진행되고 있다. 체면 때문에 부끄러워 누가 배우랴 하지만 교실이 가득했다. 정말 용기가 대단하다는 생각이 들고 머리가 숙여진다.

이렇게 노후의 삶을 젊고 보람 있게 보내기 위해 노력하는 사람이 있는가 하면 "나는 늙었는데, 지금 와서 무엇을…." 하며 자포자기하며 무의미한 생활을 하는 사람도 있다.

그런 사람을 볼 때마다 나의 생활신조나 가훈처럼 좋아하는 글, '일체유심조一切唯心造, 모든 것이 마음먹기에 달려 있다.'는 말이 생각난다.

우리 주위에서 긍정적인 생각을 갖고 보람 있고 젊게 살려고 노력하는 사람들을 보면 삶이 푸석하지 않고 윤기나 보인다.

요즈음은 〈내 나이가 어때서〉 유행가 가사를 '세월아 비켜라/ 내 나이가 어때서 공부하기 딱 좋은 나인데'라고 고쳐 부른다. 오늘도 콕— 콕— 콕 모이 쪼는 듯한 타자 소리가 컴퓨터실에 메아리를 남긴다. 타자 치는 모습을 보면 볼수록 존경스럽다.

노년에 삶의 질을 높이기 위해서는 의욕을 갖고 모든 것을 사랑하는 마음을 가져야겠다. 오늘따라 인간의 말년을 불행하게 하는 것은 경제적 빈곤이 아니라 의욕상실과 사랑의 빈곤이라는 생각이 든다.

(2013. 11. 4.)

우생마사牛生馬死가 주는 교훈

올해 갑오년은 청말의 해라고 한다. 청말, 백말의 해는 60년 만에 한 번 돌아온다고 한다.

속설에 말띠 해에 태어난 남자아이는 성격이 강하고 여자아이들은 성격이 드세다는 말이 있다. 말띠 해에 태어나면 성격이 드세다고 해서 여성이 말띠라면 혼담이 오고 갈 때 꺼리는 경향까지 있었다.

그러나 여자들도 활동영역이 넓어진 요즘은 이야기가 다르다. 남녀평등, 남아선호사상 등의 말은 옛이야기가 되었다. 여자들이 각 분야에서 활발히 활동하고 있으며, 스포츠에서는 남자 선수 못지않게 여자 선수들이 국위를 선양하고, 대통령도 여자가 하고 있지 않은가?

이런 사회변화 속에서 말띠면 어떻고 소띠면 어떠랴? 올해가 청말의 해라고 말들이 많은데 청말의 성격은 상호 간에 교감을 잘하고 의사소통이 활발하며, 적극적이고 진취적이며 사회성이 풍부하다고 한다.

올해가 청말의 해여선지 정초에 '우생마사牛生馬死' 라는 고사성어를 여러 차례 들었다.

노인 일자리 교육에서 강사님께서 소처럼 건강하고 변함없이 과묵하게 천천히 나가자고 열강을 하셨다. 그 후 며칠이 지나 이번에는 노인복지관 방송에서 '우생마사' 사자성어에 얽힌 일화와 그 속에 담긴 뜻을 소상하게 전달해 주셨다.

그리고 며칠 뒤 CBS 기독교 방송에서 목사님으로부터 '우생마사'에 담겨 있는 뜻과 앞으로의 삶에 대해서 설교를 해주셨다. 청마처럼 빨리 달리고 뛰지 못하며 아름다운 갈기도 없지만 자신의 길을 우직하게 걷는 소처럼 포기하지 말고 한눈팔지 말며, 천천히 뚜벅뚜벅 변함없이 가자고 하셨다.

그럼 '우생마사' 사자성어에 담긴 일화와 우리에게 교훈을 주는 것은 무엇인지 정리해보기로 하자.

우생마사牛生馬死, 홍수 때 소는 살아남지만 말은 죽는다는 뜻이라고 한다. 저수지 같은 데에 소와 말을 동시에 집어넣으면 둘 다 헤엄을 쳐서 뭍으로 나와 둘 다 살지만 홍수가 났을 때는 다르다고 한다.

소는 마침내 살아서 나오는데 말은 빠져 죽는다고 한다. 그 이유가 뭘까? 평소에 힘이 센 말은 제 힘으로 거센 물살을 거스르면서 살겠다고 발버둥치다가 서서히 기력이 빠져 익사한다고 한다.

그러나 소는 물살을 거스르기보다 오히려 등지고 떠내려가면서 조금씩 뭍을 향해 접근하기 때문이란다.

이 일화가 우리에게 주는 교훈은 무엇일까? 곰곰이 생각해 보니 한마디로 인생을 순리대로 살아야 한다는 말인 것 같다. 똑똑하거나 명석하고 아는 것이 많은 것으로 삶을 사는 것은 결코 아니라는 생각이 든다.

우리 주위에서 급하게 서두르다가 낭패를 보는 경우를 얼마든지 볼 수 있다. 각종 공사에서 빨리빨리 서두르다가 부실공사가 되어 많은 사고를 가져온다.

우리 주위에서 흔하게 볼 수 있는 자동차 사고 또한 어떠한가? 급하게 서두르고 과속 운전하다가 돌이킬 수 없는 사고를 일으키기도 한다.

우리나라 사람은 '빨리빨리' 조급증에 젖어 있는 것 같다. 차를 탈 때도 공사를 할 때도 심지어 식당에 들어서자마자 빨리 달라고 서두른다. 그리하여 낭패 보는 일을 주위에서 헤아릴 수 없이 많이 볼 수 있다.

청말의 해를 맞아 '우생마사'가 던져준 메시지를 교훈 삼아 좀 더 침착하게 올 일 년 무사히 보냈으면 한다.

그리고 소처럼 과묵한 자세로 목표달성을 위해 포기하지 말고 앞만 보고, 서두르지 않으며 천천히 살아가는 한 해가 되었으면 좋겠다.

(2014. 2. 11.)

연아의 선물

“고맙고 자랑스럽구나. 대한의 딸 연아야! 네가 있어 추운 겨울이 따뜻하고 행복했단다.” 텔레비전, 신문, 라디오 등 각종 매스컴마다 김연아를 외치며 온 나라가 떠들썩하다.

그럴 만도 하다. 연아는 한국 피겨스케이팅의 신화를 이루었으며 세계에서 피겨 퀸이라고 부르고 있지 않은가?

김연아는 1996년 여섯 살의 나이에 처음 스케이트 부츠를 신은 뒤 수많은 대회에서 우승을 하고, 신기록을 남기며 ‘피겨 여왕’이라는 명성을 얻었다

피겨 불모지인 척박한 우리 땅에 어렵게 뿌리를 내리고 세계만방에 이름을 날리며 아름답게 승리의 꽃을 피운 것이다.

우리나라의 열악한 피겨스케이팅 환경 속에서도 고통과 시련을 견디고 자신과의 싸움에서 이겨, 우리나라의 위상을 세계만방에 드

높였다.

자랑스러운 대한의 딸 연아는 모든 어려운 순간을 겪고 이겨냈다. 관심과 기대가 부족하여도 그저 한결같이 묵묵히 자신과 싸워 이겼다. 그동안 세계 1인자가 되기 위해 얼마나 시련이 많았는가는 여러 차례 보도되었다. 특히 동갑내기 일본 아사다마오와 쌍벽을 이루며 국민들의 마음을 졸이게 하고 관심을 불러일으켰다.

김연아는 2004~2005시즌 국제 빙상경기연맹(ISU) 주니어 그랑프리에 처음 참가하여 두 번이나 준우승을 하며 국제대회 데뷔 첫 해를 화려하게 장식했다. 2005~2006시즌에는 네 차례 모두 석권하며 '피겨 요정'으로 인정을 받았다고 한다.

지금도 2007년 세계선수권대회 쇼트프로그램에서 역대 최고점을 세웠던 장면이 생생하다. 연아가 세운 ISU 공인 개인 기록 쇼트 78.50점, 프리 150.06점, 총점 228.56점은 지금도 깨지지 않는 피겨 스케이팅 세계 신기록이다. 또한 밴쿠버동계올림픽, 세계선수권대회, 4대륙선수권대회, 그랑프리 파이널까지 모두 석권함으로 여자 싱글 선수로는 역대 최초 '그랜드슬램'을 달성하여 피겨 역사에 이름을 남겼다.

나는 지금도 2010년 밴쿠버동계올림픽 때 시상대 높은 곳에 올라 금메달을 목에 걸고 태극기를 바라보며 눈물 훔치던 모습이 눈에 선하다.

연아는 또 하나의 자랑스러운 진기록을 가지고 있다. 그것은 바로 '올포디움'이다. '올포디움'이란 지금까지 출전한 모든 대회에서 3위 이내 입상하는 것을 말한다고 한다.

지금까지 그랜드슬램, 올포디움 두 개의 목표를 달성한 선수는 오직 대한의 딸 김연아뿐이라고 한다. 얼마나 자랑스러운 일인가?

이번 소치올림픽 연아가 출연하는 피겨스케이팅 경기는 자정을 넘어 새벽에 열렸는데도 51% 이상이 경기를 생중계로 지켜보았다고 한다.

쇼트경기가 열리던 첫날 〈어릿광대〉 선율에 맞추어 노란 옷을 입고 빙판을 타는 모습은 한 마리 나비요, 학처럼 고고한 춤사위였다. 이튿날 열리는 2차 프리 경기 역시 〈아디오스 노니노〉 음악에 맞추어 팽이처럼 솟아올라 돌며 연기하는 모습은 천사가 내려와 춤을 추는 것 같았다. 이렇게 연아는 수많은 관중의 기립박수를 받으며 마지막 무대를 최선을 다해 아름답게 마무리하였다.

나는 이번 마지막 무대 경기에서 행여나 실수를 할까 봐 숨을 멈추고 두 손을 꼭 쥐고 지켜보았다.

그러나 피겨 여왕 연아의 소치 작별 무대는 어쩐지 가슴 아프고 아쉽기 짝이 없었다. 석연찮은 편파 심사로 어디 하나 흠잡을 수 없이 완벽하게 경기를 마쳤는데 은메달에 머물고 말았다.

피겨스케이팅 판정시비 논란으로 전 세계가 떠들썩하다. 당연히 김연아가 금메달을 받아야 한다는 것이다. 세계 많은 스포츠맨들은 "금메달이 문제가 아니라 올림픽 정신의 훼손이 문제다."라고 하였으며, 심지어 러시아 언론마저 김연아 경기는 완벽했다고 극찬했다.

그런가 하면 피겨의 전설이라고 부르는 카타리나 비트는 "도대체 이해할 수 없다. 결과가 바뀌지는 않겠지만 이런 판정에 토론 없이 지나가서는 안 된다."라고 말하기도 했다고 한다.

그러나 자랑스러운 대한의 딸 연아는 편파 판정 논란에 아무 미련 없이 대인배임을 세계만방에 보여주었다.

대한의 딸 연아는 기자회견이나 질문에서 "선수로서 마지막이었기에 좀 더 특별했다. 결과가 어찌됐던 잘 끝났다는 것이 만족스럽다. 판정은 심판들이 하는 것이다. 내가 어떻게 언급해도 결과는 바뀔 수 있는 게 아니다."

"난 이번 대회 출전에 의미가 있었다. 내 은퇴 경기에서 실수 없이 마친 것에 만족한다."는 등 의연하게 말했다.

그렇게 의연하게 말한 연아도 사람이기에 소리 없이 라커룸에서 눈물 훔치는 모습을 국민들은 안타까운 마음으로 지켜보았다. 남몰래 지난 세월을 뒤돌아보며 울었을 것이다. 억울해서가 아니라 홀가분해서 울었을 것이고, 왕좌에서 내려오는 마지막까지 자신과의 싸움에서 이겼다는 행복감에 울었을는지도 모른다.

한국이 낳은 세계 최고의 피겨선수 퀸은 그렇게 마지막까지 한국의 자부심을 지켜주고 우리에게 희망의 선물을 안겨주었다.

어떤 고난과 역경도 참고 견디며 이겨내면 성공한다는 모습을 보여주었고 꿈은 이루어진다는 것을 보여주었다. 또한 2018년 평창 동계올림픽 홍보대사로, 피겨여왕으로서 디딤돌이 되어주었다.

비록 2014년 소치올림픽을 끝으로 18년 동안의 화려하고 눈부셨던 선수 생활의 막은 내렸지만 우리 국민 모두에게 인내심의 필요성과 '하면 된다.'는 메시지를 선물한 것 같다.

(2014. 2. 23.)

방안퉁수가 부르는 노래

'당신을 사랑합니다.' 노래 가사 같은 그 한마디를 왜 못해 줄까? 아내가 그렇게도 듣고 싶어하는 말 '사랑합니다.' 그 한마디를 못하고 사는 나는 어쩌면 못난이 바보다.

늙을수록 새벽잠이 없다고 하더니 세월이 흐를수록 새벽에 자주 잠이 깨어 뒤척일 때가 많아졌다.

오늘도 새벽 세 시를 알리는 괘종소리에 잠에서 깼다. 잠을 청하느라 뒤척이는 바람에 아내도 깨었는지 헛기침을 하며 "당신을 사랑합니다."라고 한다. 무엇이라고 대답을 해야 할까? 오케이, 아니면, me too…. 그러나 나도 모르게 뱉은 말이 '자다가 개 풀 뜯어먹는 소리하네.'다. 내 말이 끝나기가 무섭게 화답을 한다. "개가 풀 뜯어 먹으면 날 궂어서 비 온대요. 그럼 아멘 해봐요."라고 재촉을 하더니 "당신을 마음속으로 깊이 사랑합니다."라고 하며 또 대답을 재촉한다. 사랑한다는 말 듣기는 아예 포기했는지 "아멘 해봐요."라고 거듭 재촉한다. 아내 재촉의 말에 질세라 나는 "김밥 옆구리 터진 소리허고 있네."라고 했더니 "김밥 옆구리 터져도 맛만 있데요." 하며, 아멘 하라고 졸라댄다. 몇십 년을 살았지만 아내가 바라는 '사랑합니다.' 한마디 못하고 그리도 바라고 듣고 싶어하는 '아멘' 소리를 안 하고 장난 삼아 '아메인' 했다. 똑바로 하라고 졸라댄다. 아내는 독실한 기독교 신자이다 보니 말끝마다 하나님, 아멘이라고 한다.

겨우 잠을 청하여 어렴풋이 잠이 들려 하는데 또 "예수님 이름으로 당신을 축복합니다." 하며 옆구리를 찔러댄다. 아멘 하라는 신호다. "자다가 미쳤어!" 약간 화난 말투로 쏘아붙이자 "나 안 미쳤어!" 라고 버럭 소리를 되받아 지르며 벽을 보고 돌아눕는다.

아내가 그리도 바라는 '사랑한다.'는 말 한마디를 왜 못 해줄까? 나는 이불 속에서만 혼자 말하는 방안퉁수다.

시골 어르신들한테 "저놈 방안퉁수여!" 또는 "방안퉁수 이불 속에서 주먹질한다."라는 말을 들은 기억이 난다. 어르신들이 부르시면 부끄러워 대답도 크게 못했으니, 그럴 만도 하다. 지금 와서 생각하니 방안퉁수란 말은 밖에 나가서는 부끄러워 퉁소를 불지 못하고 방에서만 부는 사람, 나가서는 아이들한테 맞고만 다니면서 집에 와서는 큰소리 치는 사람 즉 집에서만 어른 노릇 대장 노릇 하는 사람을 빗대어 한 말인 것 같다.

'사랑한다.'는 말이 턱밑까지 올라와도 못하고 하도 졸라대면 "그려 알았어."하고 얼버무리는 것을 보면 나는 방안퉁수가 맞나 보다.

이런 내성적이고 우유부단優柔不斷한 성격 탓에 어릴 적 잠시나마 들었던 '방안퉁수' 별명이 문학 활동에서도 나온 것일까? 이름 있는 문예지에 크게 두각을 나타내지 못하고, 우물 안 개구리처럼 나 자신의 만족에 그치고 만 것 같다. 이제는 좀 더 넓은 세상에 나와 내가 지은 방안퉁수의 노래를 부르고 싶다.

나는 가끔 일요일에 방영하는 mbc TV 〈늘 푸른 인생 뽀빠이가 간다〉 프로를 시청한다.

그 프로에서 보면 시골에 찾아다니며 마을 사람과 함께 노부부를 앞에 모셔놓고 살아온 이야기, 부부간의 애정 표현 등을 뽀빠이 이상용이 질문하며 재미있게 엮어간다.

그리고 마지막에 가서는 "사랑합니다. 내가 앞으로 잘할게…." 등의 말을 하라고 재촉하며 시킨다. 나는 그 프로를 보고 나만큼이나 방안퉁수들이 많구나! 하는 생각을 해본다. 저 노부부가 어찌 사랑하는 마음이 없었으랴! 그러나 부끄러워 표현하지 못하고, 그렇게 성격 형성이 되기까지는 가정환경, 타고난 성격, 남존여비 사상, 보수적이고 가부장적인 풍습 등의 영향이 있지 않을까 생각해본다.

남편의 격려의 말 한마디가 삶에 지쳐 있는 아내에게는 큰 힘이 되고, 행복을 지탱하는 기둥이 된다고 한다. 또한 부부간에 좋은 말은 천 마디를 해도 좋지만, 헐뜯는 말은 한 마디만 해도 큰 해가 된다고 한다.

무심코 던진 농담 한 마디가 불씨가 되어 부부싸움으로 번지고 사이가 점점 멀어진 경우를 얼마든지 볼 수 있다.

부부대화 10계명에 첫째는 맞장구를 쳐주자, 둘째는 분위기에 맞는 말을 하자, 셋째로 자존심 상하는 말을 쓰지 말자라고 했다. 나는 상대방을 인정하고 높여주는 맞장구야말로 멋진 인간관계를 만들어 가는 데 가장 필요한 것이라고 본다. 그런데 나는 오늘 저녁만 해도 맞장구는 그만두고 분위기에 맞지 않는 말과 자존심 상하는 말을 한 것 같아 후회가 되고 아내에게 미안한 생각이 든다. 이제는 이불 속에서만 말하는 방안퉁수가 아니라 밖에서도 당당하게 말하고 맞장구쳐주는 사람이 되리라 다짐해본다.

(2014. 4. 10.)

푸른 꿈을 앗아간 바다

온 나라가 슬픔과 분노에 빠져 있다. '세월호' 선장을 비롯한 일부 승무원들의 무책임한 행동으로 꽃봉오리 같은 고등학생들이 꿈을 채 펼쳐보지도 못하고 차디찬 물속에서 지다니 기가 막힌다.

수천톤 급 여객선의 침몰 사실도 충격적이지만 실종자 구조 · 수색 작업을 두고 보름이 넘도록 우왕좌왕하며, 해운산업 구조적인 비리가 곳곳에서 몰골 사나운 허연 민낯을 드러내고 있다.

너무나도 부끄럽고 한탄스럽기 짝이 없다. 과연 한국을 선진국이라고 할 수 있을지 의심스럽다.

오늘도 80여 명 남은 실종자 구조 · 수색을 위하여 수십 발의 조명탄을 쏘아 올리며 밤낮을 가리지 않고 구조작업을 계속한다고 한다. 잠수부들은 하도 여러 날 차디찬 바닷물 속 깊이 잠수를 하다 보니 몸에 쥐가 나고 탈진상태에 빠지기도 한다니 안타까운 일이다.

그동안 실종자 구조 · 수색 작업 과정을 어떻게 다 열거하겠는가? 시행착오와 늦장 대응 때문에 얼마나 가슴 졸이고 안타까워했는가. 안일하고 파렴치한 청해진 회사 운영진과 관계 직원들의 비리에 유가족은 물론 국민들은 분통한 가슴을 쥐어짜며 눈물을 삼켜야만 했다.

정확한 승선인원조차 빨리 파악하지 못하고 오락가락하는 정부 재난안전 대책본부나 해양경찰청의 사고 대응 자세, 영리만을 좇는 무사 안일한 청해진 회사운영, 화물의 과적, 승무원들의 무책임한 행동 등 인재人災로 빚어진 이번 참사에 한숨만 나온다.

무엇보다 가슴 아프고 통탄할 일은 선장을 비롯하여 일부 승무원들의 무책임한 행동으로 수많은 생명을 잃었다는 것이다.

기울어져가는 배 안에 수백 명의 승객을 남겨놓고 "움직이지 말고 그 자리에 대기하라."는 안내방송만을 남긴 채 선장을 비롯한 승무원들이 빠져나온 장면이 엊그제 텔레비전 화면으로 나오자 또 한 번 국민들은 울분을 터트렸다.

어른들 말을 잘 들었기에 변을 당한 학생들의 안타까운 흔적이 속속 드러나고 있다.

인재가 불러온 세월호 침몰사고로 승선 인원 476명 가운데 구조 인원이 겨우 174명이라고 한다. 그중 승객 대부분은 제주도 수학여행 길에 오른 안산 단원고 학생이라고 한다. 이 엄청난 사고로 연일 보도하고 있는 사고경위와 실종자 구조 · 수색 과정을 가슴 졸이며 지켜보는 국민들은 분노하며 침통해하고 있다. 행여나 하는 생환生還 소식을 기다리다가 싸늘한 시신으로 한 구 한 구 돌아오자 유가족들은 망연자실茫然自失하고 있다.

승무원들이 끝까지 남아 대피하라는 방송과 안전하게 대피시켰더라면 얼마나 좋았을까?

"책임감이 있는 이는 역사의 주인이요, 책임감이 없는 이는 역사의 객이다."라는 안창호 선생의 책임에 대한 명언의 말이 생각난다.

책임과 의무를 다하지 못하고 도피한 승무원들에게 ≪뉴욕 타임스≫에서 '선장은 생명을 다하여야 하는데 수치'라고 보도하였다고 한다. 그리고 이어 '타이타닉호' 사고 이야기와 승객 구한 이야기를 실었다고 한다.

타이타닉호 스미스 선장은 승무원과 함께 어린이, 여자 그리고 남자 순으로 구명 탈출시켰으며, 안타깝게 선장은 구명 탈출에 책임을 다하고 생을 마감했다고 한다.

책임과 의무를 다하다가 목숨을 잃은 의인들은 우리나라에도 많이 있다.

2010년 3월 26일 백령도 서남단 해상에서 피격을 당하여 침몰한 '천안함' 사고 때 실종자 구조 · 수색 작업을 하다가 숨진 UDT 대원 고 한주호 준위를 지금도 잊을 수가 없다. 나라를 지키다가 숨진 전몰장병들, 화재 진압하다가 숨진 소방관, 도둑을 잡다가 숨진 경찰관… 순직한 의인들이 많이 있다.

이번 세월호 침몰 사고는 우리들에게 책임과 의무가 얼마나 소중한가를 가슴 깊이 새겨주었다.

무책임한 선장, 승무원들이 있는가 하면 고 박지영 승무원을 비롯한 몇몇의 의인義人이 국민들의 심금心琴을 울리고 있다.

고 박지영 승무원은 "선원들은 제일 마지막이다. 친구들 다 구해주고 난 나중에 나갈게." 배가 기울어져 책임자들이 빠져나간 상황에서도 학생에게 구명조끼를 양보하고 생을 다하였다고 한다. 또 검도 유단자로 체육학과에 진학하는 것이 꿈이라던 고 정차웅 군은 친구에게 구명조끼를 양보하고 다른 친구를 구하려다 참변을 당했다고 한다. 제자들에게 구명조끼를 챙겨주고 끝까지 대피를 도왔던 고 남윤철 선생님, "걱정하지 마. 너희부터 나가고 선생님 나갈게." 하며 제자 사랑을 보여준 고 최혜정 선생님, 고 양온유 양은 갑판까지 나왔다 방에 남아 있는 친구를 구한다고 다시 배 안으로 들어가 실종되었다고 한다. 이런 사람들만 있으면 어찌 대한민국을 3류 국가 운운하며, 책임감이 부족한 국민이라고 하겠는가?

이번 총체 난국과 같은 세월호 침몰 사고와 4월 25일에 일어난 스페인 남단 카나리아 근해에서 334명을 태운 여객선 화재火災가 비교되어 입에 오르내리고 있다. 세월호 침몰 사고가 수백 명의 귀한 생명을 앗아간 부끄러운 사고라면, 스페인 여객선 화재 사건은 선장, 승무원들의 신속, 적절한 대응으로 단 1명의 희생자도 없이 전원 구조되었다고 한다.

달라도 이렇게 다를 수가 있을까? 안전을 위해 무엇이 필요한가를 극명하게 보여주고 있다.

우리도 이번 사고를 타산지석他山之石으로 삼아 의식구조를 개선하는 계기가 되었으면 한다. 또한 나는 이번 참사 수습 과정에서 우리 민족의 '어려움을 언제나 함께하며 나눔을 실천'하려는 환난상휼患難相恤 정신을 다시 한 번 느낄 수가 있었다.

우리 민족은 어려운 재난을 당했을 때 생업을 제쳐놓고 봉사활동에 앞장서 왔다. 지금도 십여 년 전에 불어닥친 IMF 한파를 슬기롭게 이겨내고 한강의 기적을 일구며 비약적으로 성장한 저력을 잊을 수가 없다. 특히 금모으기 운동은 세계를 놀라게 한 우리 국민의 단결 정신이었다.

또한 많은 사람들이 태안반도 해변 기름띠 제거에 동참하여 자갈 하나하나를 헝겊으로 닦아내며 자원봉사하던 것을 생각하면 지금도 눈시울이 뜨거워진다.

이번에도 예외는 아니었다. 실종자 생환을 바라며 실종자 가족들의 마음을 달래주고, 사고현장 일손을 돕기 위해 바쁜 일을 접고, 전국 방방곡곡에서 달려와 봉사활동을 펼치고 있다. 한편 진도 주변 근해에서 조업하던 어선들도 구조·수색 작업을 돕기 위해 사고현장으로 뱃머리를 돌려 모여들었다고 한다.

이번 세월호 실종자 구조·수색 작업 장면 보도를 보고 크게 느낀 것 한 가지가 더 있다. 오늘도 조수潮水 간만干滿 차를 저울질하며 파도가 잠잠하기만을 기다리는 것을 보고, '자연의 순리順理에 순응順應하지 않고는 살아갈 수가 없다.'는 것이다. 바다 밀물과 썰물 간만의 차가 심하다는 말은 많이 들었으나 정조시간靜潮時間 또는 유속流速의 빠름에 대해서 새삼 놀랐다. 이번 침몰사고가 일어난 곳 '맹골수도孟骨水道'가 우리나라에서 울돌목(명량수도) 다음으로 유속이 빠르고 뱃길이 험하다고 한다.

지금도 실종자 구조·수색 작업을 위해 정조시간만 기다리는 것을 보며 자연의 힘이 얼마나 대단하며 그에 비해 인간은 얼마나 나약한가를 절감한다.

이번 세월호 사건을 통해 한국의 위기 대처능력이 시험대에 올랐다. '성장과 경쟁의 논리만 앞세우고 안전을 뒷전으로 하는 풍조가 만든 예고된 사고'라고 평하고 있다. 과학 기술 발전도 중요하지만 생명 안전과 보호에 힘써야 한다는 것을 일깨워 주었다.

우리는 이번 사고를 거울 삼아 새롭게 다시 태어나야 한다. 이제는 정치도 국민성도 달라져야 한다. 이번 세월호 침몰사고를 보면 곳곳에서 무책임하고 안일한 행동과 비리가 거미줄처럼 얽혀 있었다. 정말 낯부끄럽고 수치스러운 일이 연일 줄줄이 보도되고 있다. 정부 차원에서 각종 비리 근절을 위한 제도 마련과 각 기관의 장비 및 시설 관리를 철저히 하고, 지도감독이 이루어져야 한다. 무엇보다 각종 업무 규칙 준수를 위한 책임과 의무를 다하는 마음가짐이 필요하다.

"지켜주지 못해서 미안하다." "못난 어른 때문에 억울함을 당했구나." 합동분향소에 써 붙인 애도의 글귀라고 한다.

이제 막 피어나려는 꽃봉오리들의 푸른 꿈을 바다가 앗아가 버렸다. 어쩌면 어른들이 지켜주지 못하고 바다에 버렸다고 해야 맞을 것이다.

오늘도 팽목항 부두에는 애타게 기다리는 유가족들의 통곡의 울부짖음이 가슴 아프다. 전국에서 모여든 수많은 봉사자들이 실종자 구조를 손꼽아 기다리며, 봉사활동에 동참하고 있다. 또한 사망자들의 합동분향소를 찾아 깊은 애도의 뜻을 표하고 고인의 명복을 비는 발길이 끊기지 않고 있다. 진심으로 마음속 깊이 고인이 된 세월호 승객 영령들을 애도하고 명복을 빈다.

(2014. 5. 1.)

제2부

기행 수필

무궁화가 그리운 봄나들이

새봄이 되어 꽃이 피고 화창한 날씨가 계속되니 아내의 눈치가 다르고 볼멘소리가 푸념처럼 터져 나온다. '정년퇴직하면 가끔 여행도 다니고 가까운 곳이라도 자주 나들이 가자는 약속은 공수표가 되었다.'는 것이다. 지금 생각해보니 그럴 만도 하다. 퇴직한 지 2년이 다 되어 가는데 해외여행은 그만두고 국내여행도 한두 번 정도뿐이고 가까운 나들이 또한 손가락으로 꼽을 정도이니.

미안한 생각에 오랜만에 크게 인심이나 쓴 것처럼 날씨도 좋은데 봄나들이 하자고 고개를 두세 번 흔들며 목에 힘을 주고 말했다. 아내는 초등학생들이 마치 소풍이나 가는 것처럼 기분이 좋은지 이 옷 입었다 저 옷 입었다 부산을 떨며 어떤 옷이 어울리느냐고 봐 달라는 것이다. 다 좋다고 장단을 맞춰주고 어디로 갈까? 물으니 "난 가본 곳이 별로 없으니 당신하고 같이 나간다면 아무데나 좋아요."라고 하였다.

어디가 좋을까? 망설이다가 요즈음 벚꽃 축제가 한창인 구례, 하동을 지나 순천에 있는 낙안읍성으로 목적지를 정하고 자동차 페달을 밟았다.

오랜만에 탁 트인 국도를 달리는 것도 신이 나지만 남쪽으로 점점 내려갈수록 도로 양편의 벚꽃이 마치 등고선 따라 기후가 다르듯이 꽃망울 피어나는 정도가 다른 것을 보니 신기하기까지 하였다.

전주의 벚나무들은 이제 막 한두 송이 꽃망울이 터지고 있었는데 남원쯤 내려가니 팝콘이 터지듯 상당히 많은 벚꽃이 피었으며 좀 더 내려가 구례, 하동에 도착하니 도로 주변 가로수는 벚꽃이 만개하여 장관을 이루었다. 끝도 없이 화사하게 만발한 벚꽃 가로수를 보자 나도 모르게 야! 하고 탄성이 절로 나왔다. 아내는 좋아서 마치 어린아이처럼 "저기 좀 봐요." 하고 운전하는 내게 연신 말을 하였다. 하동 꽃길은 자동차와 사람들이 한데 어우러져 울긋불긋 마치 꽃밭 같았다. 하동을 뒤로하고 남쪽으로 내려가니 낙안읍성에 다 이르도록 가는 곳마다 가로수는 벚꽃나무 일색이고 벚꽃이 만개하여 우리를 환영하는 느낌이었다.

집을 떠난 지 두 시간 남짓하여 낙안읍성에 도착하여 성내를 돌아보았다. 성문을 들어서니 큰길을 중심으로 오른쪽에는 기와집이 왼쪽으로는 옛날 농촌 초가집이 그대로 보존되어 있었다. 사립문이 달린 초가집은 나지막한 돌담과 고샅을 끼고 옹기종기 모여 있었다. 지금도 많은 세대가 살고 있는지 사람 사는 데 필요한 생활도구가 걸려 있어 살아 숨 쉬는 민속 고유의 전통마을을 실감할 수 있었다. 농기구를 만드는 대장간이며 주막, 동헌, 객사, 장터, 초가가 원형대로 보존되어 있어 조상님들의 생활상을 엿볼 수 있어 고향 생각도 나고 학생들의 현장체험학습장으로 적당한 곳이라 생각되었다.

읍성을 한 바퀴 돌고 나오니 입구 우편 잔디밭에 우뚝 솟은 '3·1 독립운동 기념탑'이 눈에 띄었다. 낙안읍성을 지키기 위한 선조님들의 고난과 노력, 애국심에 불탄 독립운동의 치적이 상세히 적혀 있었다. 나는 이 '3·1 독립운동 기념탑'을 보는 순간부터 벚꽃을 보고 즐거워 탄성을 지르던 기분과는 달리 숙연해지고 가슴이 답답하고 서글픈 생각이 자꾸 들었다.

벚꽃! 사쿠라!

일본 국화國花를 보고 그렇게 좋아서 탄성을 지르고 꽃구경을 하며 지역마다 마치 경쟁이나 하듯 벚꽃축제를 해야만 하는가?

요즈음 벚꽃이 만발하여 가는 곳마다 관광객 인파로 장사진을 이루고 벚꽃 축제가 한창 열리고 있다. 엊그제 열린 진해 군항제만 해도 몹시 아쉬운 생각이 든다. 충무공 이순신 장군의 얼을 기리기 위해 거행되어 오던 추모제를 벚꽃축제로 바꿔 생각하고 있으니 안타까운 일이다.

이제는 온 세계가 이념의 벽을 넘어 공산국가, 우방국가 가리지 않고 교류하는 시대에 일본 국화國花, 한국 국화國花를 따져야 하는가? 나 스스로 자문자답도 해보지만 고정관념 탓인지 불쾌감이 자꾸 되살아난다. 하나의 식물 곧 아름다운 꽃나무로 보자, 생각하고 마음을 추슬렀지만 집으로 돌아오는 동안 내내 머리에서 떠나지를 않았다.

어째서 사람들은 우리 민족을 상징하는 국화에 대한 관심이 점점 적어지고 소홀해져 갈까? 우리 주변을 살펴보면 무궁화를 주제로 한 축제는 찾을 수가 없고 무궁화를 심고 가꾸는 곳도 찾기 어렵다. 내가 학교에 재직할 때 그렇게도 열심히 가꾸었던 무궁화동산도 이제는 찾아보기 힘들다.

오늘 화창한 날씨에 오랜만에 아내한테 점수 한번 따보겠다고 봄나들이를 하였다. 가는 곳마다 만발한 벚꽃을 보며 흐뭇해하는 아내를 보며 나들이 한 보람도 느끼고 나 또한 꽃의 화려함에 넋을 잃고 구경하였다. 그러나 마음 한구석에 들어찼던 아쉬움이 지금도 나의 머릿속에서 맴돈다. 벚꽃축제를 하고 벚꽃의 화려함 속에 빠져드는 것도 좋지만 우리 민족의 정신과 얼이 담기어 끈기 있게 피고 또 피어나는 생명력이 우리 삶의 정서와 상통하다고 하여 국화로 지정된 무궁화, 앞으로 조금만 더 관심을 갖고 가꾸고 사랑하는 마음을 가졌으면 좋겠다는 생각이다.

(2009. 4. 4.)

남이섬 풍경

자연과 소통하고 싶은 아름다운 곳 남이섬!

맑은 강물로 빙 둘러싸여 동화나라 같은 숲 속 산장이 있으니 바로 도시 안의 보기 드문 섬이다. 이처럼 아름답고 신비로운 육지 안의 섬을 여행하였다.

11월은 늦가을에서 초겨울로 접어드는 기후로 한기가 감돌고 어설퍼서 별로 호감이 안 가는 달이다. 또한 한 달 내내 일요일 외에는 하루도 공휴일이 없어 직장인들이 싫어하는 달이기도 하다. 이와 같이 따분한 계절에 마침 아내 환갑還甲 기념 여행을 아이들이 남이섬으로 일정을 잡았다.

이곳은 행정구역상 강원도 춘천시 남산면에 속하나 경기도 가평군에서 3.8㎞거리에 위치하여 대부분의 관광객들이 가평을 거쳐 남이섬을 찾아간다고 한다. 우리 역시 서울에서 출발하여 가평을 거쳐 남이섬에 갔다.

오늘따라 동장군의 기세를 알리려는지 쌀쌀한 찬바람이 불어 옷깃을 여미고 어깨를 움츠리게 하였다. 서울을 출발하여 2시간 남짓하여 남이섬 선착장에 도착하니 감탄사가 절로 나왔다. 육지 안에 섬이 있다는 것도 신기하지만 추운 날씨도 아랑곳하지 않고 배를 타기 위해 선착장 앞에 길게 늘어선 관광객들을 보고 놀라지 않을 수 없었다. 약 10분 정도 배를 타고 남이섬에 도착하니 하늘을 찌를 듯한 잣나무 숲길이 이국땅처럼 펼쳐졌다. 낯설기도 하고 그 울창함에 가슴이 벅찼다.

동화 속 같은 숲길을 걷자 남이 장군의 묘비가 발길을 멈추게 하였다. 남이섬은 원래 섬이 아니었으나, 청평댐이 세워지면서 주위가 물에 잠겨 섬이 되었다고 한다. 이 섬엔 조선 세조 때 병조판서를 지내다 역적으로 몰려 28세의 젊은 나이로 요절한 남이 장군의 묘가 있으며, 그의 이름을 따서 남이섬이라고 부른다고 하였다.

남이 장군 묘와 빽빽하게 늘어선 은행나무 군락지를 지나 편백나무 길을 걸을 때는 삼림욕을 하는 것 같았다. 맑고 상쾌한 나무 향기를 마시기 위해 심호흡을 하였다. 사랑의 손길을 기다리는 유니세프 전시관을 지나 중앙광장에 다다랐다. 그곳엔 여행객을 위한 테마형 가게들이 모여 있었다. 그중에서 사각 철 도시락을 난로에 데워 먹는 '옛날 벤또' 가게와 호떡 가게 앞은 장사진을 이루었다. 옛 추억을 되살려 보려는 여행객들의 마음이 아닌가 생각했다.

나 또한 초등학교 시절 생각이 떠올라 발길이 떨어지지 않았다. 3교시 끝나기가 바쁘게 장작난로 위에 철 도시락을 데우려 우르르 줄달음질쳐 벽돌을 쌓듯 도시락으로 탑을 쌓았다. 서로 밑에 놓으려고 티격태격했던 추억이 머리를 스쳤다.

꿈을 꾸듯 아련히 떠오르는 아름다운 테마형 여행이었다. 우리 일행은 짧은 시간에 좀 더 여러 곳을 살펴보기 위해 자전거를 빌려 타기로 하였다. 자전거는 2인용, 4인용, 6인용까지 있었다. 나는 2인용 자전거를 빌려 외손녀와 타고 페달을 밟았다. 오르막길을 오를 때는 힘이 들었지만 은행나무길, 편백나무길, 강변로 산책길을 달릴 때는 아름다움에 빠져 힘든 줄도 모르고 달렸다.

여행객들의 산책로로 유유히 걸어 다니는 타조도 남이섬에서나 볼 수 있는 볼거리가 아닌가 생각했다.

가는 곳마다 자연스러움이 묻어나는 숲길은 낭만에 젖고 싶은 발목을 잡을 만큼 아름다웠다. 강변로로 접어들자 〈겨울연가〉 촬영 기념탑이 발길을 멈추게 하였다. 길게 하늘을 찌를 듯이 늘어선 메타세쿼이아 나무가 붉게 단풍이 들어 절정을 이루었다. 젊은 연인들은 여기저기서 사진을 찍기 위해 셔터를 눌러대느라 정신이 없다.

우리도 마치 〈겨울연가〉 주인공이나 된 것처럼 사진촬영을 하고 아내와 메타세쿼이아 숲길을 지나 강변 쪽으로 발길을 옮겼다.

울창하고 잘 정돈된 강변 산책길도 아름답지만 빙 둘러 흐르는 강물 위에서 모터보트를 타는 모습은 한 폭의 그림과도 같았다.

도시에서 가까운 거리에 위치한 반달 모양 남이섬이야말로 각박하고 삶에 지친 도시인들의 낭만과 향수를 불러일으키는 쾌적하고 아름다운 휴식의 섬이 아닌가 하는 생각이 든다.

남이섬 구경을 마치고 유람선을 타고 선착장에 내려 돌아서려니 아쉬움에 자꾸 뒤돌아봐졌다. 오래오래 추억에 남을 것만 같았다. 다시 한 번 꼭 찾고 싶은 생각이 들었다.

(2009. 11. 14.)

마이산 벚꽃길

오랜만에 복지관 방송국원들과 마이산 산행 길을 나섰다. 봄이면 흔하게 볼 수 있던 소양 가는 길목 벚꽃도 다 지고 부채 살같이 꽃자루만 남은 채 잎이 피기 시작하였다. 모래재 주변에도 이미 꽃이 다 지고 멀찌감치 산벚꽃만 구름처럼 피어 있었다.

전국적으로 앞 다투어 마치 경쟁이나 하듯 열리던 벚꽃축제도 잠잠하다.

어렵게 시간을 내어 나선 벚꽃 구경이 허탕치는 것 아닌가 하는 불안한 마음을 추스르며 마이산 입구에 들어서니 하얗고 분홍빛 도는 벚꽃터널이 장관을 이루었다. 주차를 하러 벚꽃 터널을 미끄러지듯이 지나는 동안에도 탄성을 지르며 차창 밖으로 손을 내밀어 떨어지는 꽃잎을 받아본다.

겨우네 그 혹독한 추위도 참고 이겨내 새싹을 틔우고 꽃을 피우더니, 미풍에도 꽃자리 지탱하기가 힘들었던지 우수수 함박눈처럼 쏟아져 하얀 벚꽃길을 만들었다.

우리 일행은 꽉 들어찬 주차장 한구석에 겨우 차를 주차하고 버스에서 내려 벚꽃길을 걷기 시작하였다.

하얀 눈처럼 쏟아지는 꽃잎을 맞으며 길을 걸으려니 마치 내가 왕자가 되어 하얀 카펫 길을 걷는 것 같은 기분이 들었다.

마이산 벚꽃은 벚꽃축제 한마당의 피날레를 장식하는 것 같다.

지금쯤이면 그 어디에서도 볼 수 없는 벚꽃이 천혜天惠의 관광명소로 알려진 우리 고장 진안 마이산에서는 이제 한창 만발하여 장관을 이루고 있다.

제주도와 진해를 시작으로 5일 간격을 두고 서울까지 개화해 올라간다는 벚꽃이 훨씬 남쪽인 마이산에서는 기후 탓인지 4월 하순경에야 만발한 것이다. 마이산 인근 주민들 말에 의하면 마이산 벚꽃은 기후 관계로 벚꽃이 일시에 개화하는 특성을 가지고 있으며, 그 화려함이 전국에서 최고라고 자랑을 늘어놓는다.

하얗게 뿌려놓은 벚꽃길을 행여나 아름다운 꽃잎이 짓이겨질까봐 사뿐사뿐 새색시 발걸음으로 내딛는다. 같이 간 일행들이 앞서거니 뒤서거니 환담을 나누며 탑사 등반을 할 때 동행한 박 선생님이 감동했는지 손짓을 하며 즉흥시를 지어 감정을 잡고 읊는다.

연분홍 벚꽃이 봄바람에 휘날리—네/ 지난날 추억을 떠올리며/ 눈 꽃잎 내리는 마이산 길에/ 꽃을 보며 서로 웃고 꽃잎지는 아쉬움에…

박수를 치며 여기저기서 입을 모아 칭찬을 하며 마지막 부분을 한 마디씩 지어본다. 빙그레 미소를 지으며 눈웃음치던 박 선생님이 갑자기 "어때요. 잘 지었지요." 자화자찬하며 너털웃음을 웃는다. 그때 연로하신 회원이 "아니 〈봄날은 간다〉 노래하고 비슷하네." 하며 고개를 갸우뚱한다. 그 말을 들으니 아닌 게 아니라 〈봄날은 간다〉 노랫가락에 맞추어 멋지게 가사 한 대목을 지어 부르신 것이다.

어찌됐든 〈연예가 중계〉코너를 맡은 방송국원답게 순발력 있고 멋지게 가사를 잘 지었다. 평소에도 음악에 조예가 깊어 동우회 악단활동을 하며, 곧잘 노래도 한 소절씩 지어 부르곤 하셨다.

앞서거니 뒤서거니 삼삼오오 무리를 지어 탑사 산행이 계속되었다. 마이산 남부주차장에서 탑사까지 약 1.9㎞라고 하는데 이런저런 이야기를 정답게 나누며 걷다 보니 어느새 탑사 산 아래 탑영제塔影提라 불리는 호수에 도착했다. 호수를 품은 마이산 중턱 산책길에는 벚꽃이 장관을 이루고 암마이산과 호수 주변의 벚꽃 영상이 호수의 맑은 물에 고스란히 담겨 경관이 어찌나 아름다운지 걸음을 뗄 수가 없었다. 여기저기서 탄성을 지르며 카메라에 담기 위해 분주하다.

마이산은 그동안 여러 차례 와 보았지만 볼 때마다 새롭고 신기하기만 하다. 말의 귀를 닮아 마이산이라 하며 중생대 퇴적된 대표적인 역암층을 이루고 있다. 마치 시멘트를 버무려놓는 것처럼 자갈이 섞여 있으며 풍화작용에 의해 구멍이 뚫려 곧 쏟아질 것만 같다.

아슬아슬한 탑사는 이갑용 처사가 쌓은 것이라고 한다. 돌탑의 형태는 일자형, 원뿔형으로 크기도 다양하다. 어떻게 저런 높은 탑을 쌓아 올렸는지 신기하기만 한데 아무리 거센 강풍이 불어도 무너지지 않는다고 하니 놀라지 않을 수 없다.

신기한 구경거리가 한두 가지가 아니다. 탑사 위쪽에 자리 잡고 있는 은수사 천왕문 일대에 떠놓은 정화수는 겨울이면 역고드름이 생겨 사람들의 발걸음을 붙잡는다.

탑사 구경을 하고 뒤돌아 내려오려니 탑사 주변 음식점, 관광 상품 상가 등이 옥의 티처럼 눈에 거슬렸다. 조용하고 경건해야 할 경내 주변에 시끌벅적한 상가가 자리 잡고 있다니….

탑사 구경을 마친 우리 일행은 음식점과 먹거리 가게가 즐비한 산책로 중간 지점에서 산채비빔밥으로 점심을 때웠다.

상쾌한 공기 깨끗한 자연 속에 돼지 바비큐 냄새가 진동한다. 이 맑은 공기가 오염되겠구나 하는 안타까운 생각이 들었다.

내려오는 길에는 올라갈 때보다 바람이 조금 더 세어졌는지 정말 한겨울 눈보라치는 것으로 착각할 정도로 벚꽃 잎이 바람 따라 이리저리 휘날렸다.

여러 차례 마이산을 찾았지만 오늘처럼 절정기에 벚꽃 구경할 기회가 또 있을까 하는 의구심이 생겼다. 한편 이렇게 아름다운 천혜의 관광명소 마이산을 아끼고 사랑하며, 잘 보존 개발하여 지역축제를 넘어 세계적인 명소로 발전시켰으면 하는 생각이 들었다.

(2012. 4. 24.)

문화 탐방하던 날

오늘은 오랜만에 가람서실에서 야외나들이를 가는 날이다. 다행히 비는 오지 않지만 아침부터 초여름같이 후텁지근하다. 회원들은 약속시간보다 훨씬 일찍 모두 나와 계신다. 나이에 상관없이 울긋불긋 산뜻한 등산복 차림이다.

여행할 때마다 이용했던 봉고차가 아닌 15인승 미니버스를 대절하여 자리도 제법 넓고 승차하는 데도 편리하였다. 그러나 기대보다 승차감이 떨어지고 흔들리는 편이었다. 다소의 불편함은 아랑곳하지 않고 차 안이 떠들썩하고 웃음꽃 만발이다. 차창 밖 하얗게 핀 아까시 꽃이 보이자 탄성을 지르고, 모내기한 논을 가리키며 벌써 모를 심었다고 야단법석이다.

출발한 지 1시간 반 남짓하여 1차 목적지 고창 모양성에 도착하였다. 한눈에 보아도 옛 선인들의 삶을 유지하기 위한 지혜와 방어

전술을 엿볼 수 있었다. 조선 단종 원년 외침을 막기 위해 전라도와 제주도 21개 현의 힘을 합쳐 축성한 성이라고 한다.

싱그러운 '계절의 여왕' 5월이라지만 초여름 같은 땡볕이 겁이 났는지 성 밟기 놀이를 마다하고, 그늘로 된 산책로로만 일행 모두가 발길을 옮긴다. 모양성 내 서쪽에 있는 등산로 약도를 따라 약 100m쯤 오르자 하늘을 찌를 듯한 대나무 숲과 올해 새로 태어난 죽순이 쭝긋쭝긋 장관을 이루었다. 일행 취산 선생이 '맹종죽'에 대한 전설을 이야기해 주었다.

모양성 내에 있는 객사 앞을 지나 솔숲 길을 지나려니 솔숲 향이 너무도 상큼했다. 여기저기서 탄성을 지르고 한 여자 회원은 산소가 콧속으로 스멀스멀 들어오는 느낌이 난다고 하였다.

'인간은 오래전부터 숲과 더불어 살아간다.'라는 말이 실감이 났다. 맑은 공기 속에서 자연과 교감이 이루어지는 듯하였다.

모양성 내 산책로를 따라 일행은 앞서거니 뒤서거니 자연의 멋과 향을 느끼며 자연스럽게 두 그룹으로 나누어 산책하였다. 전 회장님께서 '늙은이와 젊은이가 따로 노는구나!'라며 세월의 무상함을 한탄이라도 하듯 아쉬운 어조로 말씀하셨다.

선인들의 구국救國의 혼과 땀이 어린 모양성을 떠나 점심을 마친 뒤 두 번째 탐방 코스인 '선운초서문학관'을 찾았다.

2010년에 개관한 선운초서문학관은 초서의 대가인 취운 진학종 선생의 열정과 혼을 담은 초서 작품을 전시한 문학관으로 서예병풍, 그림병풍, 목재서각 등 80여 점의 다양한 초서작품이 전시되어 있었다.

취운 선생의 일필휘지一筆揮之로 써내려간 초서 작품을 보자 '야!' 하고 나도 몰래 감탄의 말이 나오고 눈이 휘둥그레졌다. 서예에 입문하여 붓을 잡은 지 십여 년이 넘었지만 한 폭의 병풍을 손가락으로 짚으면서 띄엄띄엄 겨우 읽어 내려갔다. 부끄러운 생각이 들었다. 수많은 글귀와 작품 중에서 지금도 뇌리에 생생하게 남은 글귀가 있다.

'자강불식自强不息 스스로 노력하며, 태만하지 마라.' 안일하고 인내심이 부족한 나의 삶에 교훈의 메시지를 던져주는 느낌이었다.

서예활동으로 맺어진 '가람서실' 회원에게는 서예에 대한 안목을 높여주고, 인내심을 갖고 더욱 정진할 것을 다짐하는 기회가 되었을 것이다.

시간관계로 선운산도립공원 내 주변 볼거리를 돌아보지 못하고 아쉬움을 남긴 채 명사십리 모래사장을 찾았다. 출렁이는 망망대해에 삶에 찌든 스트레스라도 풀어보려는지 여기저기서 야호! 또는 사랑하는 아들딸 이름을 불러댄다. 그런가 하면 조개껍데기를 주우며 백사장을 한없이 걷는다. '명사십리' 이름 그대로 모래밭이 끝이 안 보인다.

소나무 그늘에서 준비해 온 음식을 나눠 먹으며 휴식을 취했다. 그런데 눈살이 찌푸려지고 가슴 아픈 장면을 목격하였다. 온갖 쓰레기와 건축폐기물 등이 소나무 밑에 수북이 쌓여 있었다. 각종 매스컴에서 환경오염에 대한 주의 캠페인을 그렇게 벌여도 소용이 없다.

잠시 휴식을 취한 뒤 우리 일행은 귀갓길에 올랐다. 고창군에는 선운사, 해수욕장, 청보리밭, 고인돌 등 볼거리가 아주 많다. 다 돌아보지 못하고 돌아서려니 아쉬웠지만 다음 기회로 미루고 마음을 달랬다.

귀갓길에는 피로를 풀기 위해 음악 감상도 하고, 회원 간의 친목과 우의友誼를 다지기 위해 노래자랑 등 여흥이 시작되었다. 모두 한마음이 되어 즐겁게 시간을 보냈다. 특히 원로회장님께서 흥을 돋우기 위해 조개껍데기 주머니를 허리춤에 차고 춤을 추자 모두 하나가 되어 박수를 치며 '얼쑤, 잘한다.' 등의 추임새를 넣었다.

오늘 문화탐방은 유적지, 문학관, 해변가 등을 골고루 돌아봄으로써 회원 간의 우의를 다지고 새로운 정보를 수집하고 체득體得하는 데 도움이 되었다.

(2013. 5. 25.)

슬로시티Slow City 증도를 찾아서

우리 집 달력에는 8월 20일에 빨간 동그라미가 그려져 있다. 오늘이 바로 손꼽아 기다리던 그날, 복지관 방송요원들이 나들이 가는 날이다. 여름철 막바지 위세를 보여주려는지 처서가 내일모레인데 아침부터 후텁지근한 기운이 감돈다.

오랜만에 만나 그동안 밀린 이야기 숙제라도 하려는지 달리는 버스 안은 이야기꽃을 피우느라 시끌벅적하다. 차창 밖으로 보이는 농촌 들녘 풍경이 한 폭의 그림 같다.

오늘은 말로만 듣던 보물섬 신안군 증도 문화 탐방 길에 나선 것이다. 가다 쉬다를 반복한 탓인지 전주에서 출발한 지 3시간이 넘어서야 목적지에 도착했다.

증도는 전남 신안군에 있는 섬으로 아시아에서 최초로 완도군 청산도, 장흥군 유치면, 담양군 창평 4개 군이 슬로시티에 가입되었다고 한다.

슬로시티Slow City는 말 그대로 '느린 도시'라는 뜻이다. 슬로시티는 자연 속에서 살면서 마을의 고유 먹거리와 지역 문화를 느끼며, 삶의 여유와 가치를 지향하는 운동이라고 한다. 생각만 해도 설레고 듣기만 해도 얼른 보고 싶은 보물섬, 짱뚱어 다리를 떠올리며 증도에 들어섰다.

'금연의 섬'이란 푯말이 가장 먼저 눈에 들어온다. 이 섬에서는 어느 누구도 담배를 피울 수 없다고 한다. 공기가 맑은 청정淸淨지역이겠다는 생각이 들었다.

먼저 찾아간 곳은 신비의 섬 보물섬이다. 보물섬 전망대에서 바라다보이는 섬이 마치 한 척의 보물선이 떠 있는 것 같았다. 보물을 인양했다는 파란 바닷물 속을 도자기 한 점이라도 찾을 것처럼 한참 동안이나 들여다보았다.

신안 해저 유물 발굴 기념비에 700년 전의 유물이 발견되었다고 상세히 적혀 있다. 송나라와 원나라의 많은 유물이 9년간에 걸쳐 발굴 인양되었다고 한다. 도자기만 해도 20,661점, 금속제품 729점 등의 비문을 읽어 내려가는 동안 놀라 입이 다물어지질 않았다. 지금은 국립중앙박물관과 국립해양박물관에 나뉘어 보관되어 있고 이곳 신안에는 모조품만 전시해놓았다고 한다.

멀리 바라다보이는 아름다운 섬들, 파란 바다 물결 그리고 파도에 밀려 이는 물거품이 장관이었다.

보물섬을 뒤로하고 장뚱어 다리로 돌아오는 길에 문준경 전도사 순교 기념관을 찾았다. 문 전도사님은 사명을 갖고 전파하여 신안

일대에 100여 곳을 개척했으며 증도에만 11곳이나 된다고 했다.

자기 희생 정신과 사랑을 전도한 문 전도사는 공산당들에게 무참히 살해되었는데 죽는 순간까지도 "나는 죽어도 좋으니 제발 저 백 전도사만은 살려주시오. 제발…."하며 애원한 뒤 "아버지여, 내 영혼을 받으소서!"라는 말을 남기고 숨을 거두었다고 기록되어 있었다.

공산당의 잔악한 행동에 치가 떨리고 돌덩이에 눌린 듯한 무거운 마음을 추스르며, 짱뚱어 다리 앞 팔각정 휴게소에 점심을 먹기 위해 자리를 잡았다. 오늘의 점심 메뉴는 민어회와 매운탕이었다. 민어民魚는 민간 백성들이 먹는 고기 이름 같지만 임금님이 복날 여름 보양식으로 먹을 정도로 귀한 고기라고 한다.

옛날에는 먹는 음식도 신분에 따라 달랐는가 보다. 여름 보양식으로 정일품은 민어, 이품은 도미, 정삼품은 보신탕이나 삼계탕이었다고 한다. 일행 모두 시장한 탓인지 귀한 보양식으로 배불뚝이가 되도록 과식을 하고 짱둥어 다리로 발길을 옮겼다.

짱둥어 다리에 오르자 때마침 밀물 때라 멀리서 물결이 햇빛에 반짝반짝 반사되어 밀려오고, 촉촉한 갯벌에 짱뚱어가 폴짝폴짝 뛰었다. 생김새도 재미있게 생겼지만 뛰어오르는 모습이 너무도 신기했다.

마치 수영 방법 중 평영이나 접영하는 모습 그대로다. 생김새는 머리가 메기와 비슷하나 어찌나 빠른지 사람이 옆에만 가면 벼락같이 숨어버린다. 모두 신기했던지 짱뚱어 다리에서 발길을 뗄 줄을 모르고 바라보고 있다.

짱뚱어 다리에서 바라본 바다 풍경은 잊지 못할 추억의 한 페이지가 될 것 같다. 아름답고 신기함에 취해 좀체 발길이 떨어지지 않는 짱뚱어 다리를 건너 우전해수욕장을 찾았다.

8월 하순이라 그런지 해수욕장에는 해수욕 손님은 없고 백사장을 거니는 사람, 더위를 피해 그늘 움막에서 휴식을 취하는 사람뿐이었다.

야자수가 있고 종려나무가 있고 마치 이국에 온 느낌이었다. 모래가 어찌나 고운지 한 움큼 움켜쥐고 어루만져 보기도 하고, 모래시계처럼 아래로 흘려보내기도 했다. 이구동성으로 한여름에 꼭 한 번 다시 와야겠다는 말을 남기고 다음 목적지 태양염전을 찾았다.

유일한 천일염 생산지 신안 '태평염전'은 규모가 어찌나 큰지 여의도 두 배 정도라고 한다. 끝이 안 보일 정도로 넓은 염전이 마치 호남평야를 바라보는 것 같았다.

소금은 재론할 필요 없이 우리 음식문화에서 꼭 필요한 식품재료이다.

소금은 맛을 내고 부패를 방지하는 유일한 식품이다. 천일염 생산지를 돌아보려니 류시화 시인이 쓴 〈소금〉 시 구절이 생각난다. 소금을 바다의 눈물로 표현했으며 '그 눈물이 있어 이 세상 모든 것이 맛을 낸다.'는 마지막 구절이 소금의 중요성을 말한 것 같다.

이번 마지막 여행지로 찾은 증도 '소금박물관'은 소금이 지닌 소중함과 맛 때문인지 무게감이 느껴졌다. 연도별로 보관되어 있는 소금 맛이 마치 김치가 숙성 정도에 따라 맛이 다르듯이 소금 또한 생산연도에 따라 맛이 달랐다.

신안에는 증도 외에도 가볼 만한 곳이 아주 많다고 한다. 오늘 돌아본 증도는 천혜의 자연환경을 갖춘 슬로시티로 아름다운 섬인 것 같다. 주말에는 여행객들이 붐비어 섬이 오염될까 봐 주민들의 걱정이 많다고 한다.

청정갯벌에서 뛰노는 짱뚱어, 다리에서 바라본 증도의 일몰, 바다 풍경, 우전해수욕장 무엇 하나 그냥 지나칠 수 없이 간직하고 싶은 추억의 장이 될 사랑스런 섬이다. 증도를 천천히 먹고, 천천히 걷고, 천천히 살아가는 천혜의 슬로시티로 가꾸려 노력하듯이 우리 인생도 황혼을 아름답게 수놓으며 천천히 저물어가는 석양이 되었으면 좋겠다는 생각이 들었다.

(2013. 8. 20.)

국립생태원을 찾아서

계절의 여왕 5월에 접어들었다. 새삼 노천명 시 〈푸른 오월〉을 들먹이지 않아도 짙어가는 녹음의 푸르름에 마음마저 맑고 깨끗해진 것 같다.

오늘은 그동안 세월호 참사로 인해 미루어 오던 '가람연서회' 봄 나들이를 애도하는 마음을 갖고 조용한 분위기 속에 늦게나마 다녀오기로 했다. 목적지도 그리 멀지 않은 서천 국립생태원으로 잡았다.

전주를 출발한 지 1시간 남짓하여 금강하구둑 쉼터에 도착했다. 서천 국립생태원 탐사는 오후로 미루고 인근에 있는 '금강철새조망대'를 먼저 구경하기로 하였다. 그동안 가을철에 몇 차례 보았던 강물에 모여 노니는 겨울철새 가창오리 떼 생각이 났다. 겨울철새는 봄부터 여름에 걸쳐 추운 시베리아 등지에서 번식하고 가을에 우리나라에 찾아와 겨울을 나며 봄이 되면 다시 북으로 돌아간다. 대표적인 여름새 제비와는 삶이 완전히 반대이다.

모든 생물이 환경에 따라 적응하며 살아가는 모습을 보면 신기하기도 하고 재미있다. 일행은 금강철새조망대 전시관에 도착하여 안내표시에 따라 발길을 옮겼다.

1층 전시실에는 금강에 살고 있는 가창오리, 검은머리물새, 박새 등 텃새와 겨울새가 박제나 사진, 영상 등으로 전시되어 있었다.

2층에는 수족관에 금강에서 살고 있는 민물고기와 희귀어류 등 살아 있는 모습을 가까이서 볼 수 있도록 전시되어 있었다.

3층에 오르자 강 건너 서천 '조류생태전시관'이 한눈에 바라다보였다. 철새들을 가까이에서 보고 만날 수 있도록 금강하구둑 주변에 만들어 놓았다고 한다. 따뜻한 봄이어서 조망대에서 강물에 노니는 겨울철새를 바라볼 수가 없어서 아쉬웠다.

우리 일행은 집채만 한 새 모형 내부에 들어가 새의 내장 모형을 관찰한 뒤 금강하구둑을 건너 서천 해변가로 갔다.

늦게 출발한데다 조류조망대에서 이곳저곳을 구경하다 보니 점심때가 훨씬 지나버렸다. 여기저기서 시장기가 도는지 점심타령이다. 아닌 게 아니라 '금강산도 식후경'이란 말이 실감이 났다.

부회장님의 친구인 허 사장님께서 토요일 쉬는 날인데도 우리 일행의 점심을 대접하기 위해 출근하여 안내해 주셨다. 서해안 아름다운 자연경관을 누비며 달려 서천군 비인면 선도리 해안가로 안내하였다.

멀리 망망대해를 보자 여기저기서 세월호 참사 유가족 이야기, 실종자 이야기를 하며 한숨을 내쉬었다.

우리 일행이 점심 식사하는 곳 바로 앞에는 해안가를 따라 까마득히 모래사장이 펼쳐져 있었는데 비인 해수욕장이라고 했다. 해안가를 따라 방파제가 잘 정리되어 저만큼 넓은 경치 좋은 곳에는 야외무대처럼 둥그런 모양의 방파제 겸 좌석이 예쁘게 꾸며져 있었다.

마침내 점심 식사가 시작되었다. 함지박만 한 그릇에 바지락을 가득 넣고 끓인 칼국수는 이곳의 특별 음식이라고 한다. 생각지도 않은 푸짐하고 융숭한 대접을 받고 국립생태원으로 향했다.

오늘 여행 최종 목적지 국립생태원으로 가는 동안 이구동성으로 부회장님 친구 사이를 부러워하며 칭찬 일색이다. 친구 사이가 화제話題가 되어 이야기하다 보니 이종선 씨의 글귀가 생각났다.

'진정한 친구는 모두가 떠날 때 내게 오는 사람이다.'

과연 나에게 그런 친구는 몇이나 될까. 아니, 나는 누군가에게 과연 그런 친구일까.

그리시안은 '친구를 갖는다는 것은 또 하나의 인생을 갖는 것이다.'라고 말했다. 친구의 중요성에 관한 좋은 말과 글은 수없이 많다. 그만큼 친구가 인간의 삶에 소중함을 뜻하는 것이 아닌가 하는 생각이 든다.

점심을 마치고 아름다운 비인도 서도리 해안가를 떠난 지 40여 분 만에 국립생태원에 도착하였다.

국립생태원은 살아 있는 지구생태계를 탐험하는 체험여행지라고 한다. 국립생태원을 만든 이유는 다양한 생태계에 대한 체험을 하게 하고 생태교육을 통해 생태계 보전에 관한 올바른 의식을 함양하는 역할을 수행하기 위함이라고 팸플릿에 기록되어 있다.

국립생태원 입구에서 기후대별 전시관 에코리움까지는 거리가 멀어 노약자와 어린아이를 위해 전기차가 운행되고 있었으며, 어린이 놀이터도 아주 다양하게 시설이 잘 마련되어 있었다.

우리 일행은 우리나라 주변에서 볼 수 있는 숲과 습지를 지나 기후대별 에코리움에 도착하였다.

웅장하고 실감나게 만들어진 체험 공간과 전시물을 보고 감탄사가 절로 나오고 입이 다물어지지를 않았다. 생태계 이해를 돕기 위해 다양한 영상을 상영하는 영상관, 눈높이별 생태교육시설이 잘 마련되어 있었다.

에코리움 5대 기후 전시관은 열대관, 지중해관, 사막관, 온대관, 극지관으로 만들어져 있었으며, 각 전시관에는 각종 희귀 동·식물을 만나볼 수가 있었다.

그동안 텔레비전에서나 볼 수 있었던 동식물을 직접 보고 관찰할 수 있는 것이 신기하기만 하였다.

열대관에는 열대지방의 강과 바다에 서식하는 어류, 양서류, 파충류 등이 사육 전시되어 있었다. 마치 열대 우림지역에 들어와 있는 느낌이었다.

열대식물도 신기하지만 비단뱀, 도마뱀 등은 무서워 보는 둥 마는 둥 하고 지나쳐 버렸다.

다음은 사막관에 들어서자 마치 사막에 들어온 느낌이 나고 모래엔 선인장이 심어져 있었다. 지금까지 많은 선인장을 보았지만 키가 크고 다양한 선인장은 처음 보았다. 또한 사막관에 사는 파충류를 보니 등골이 오싹해졌다.

지중해관 및 온대관, 극지관 모두 환경에 맞는 동식물들이 사육 재배되고 있었다.

나는 오늘 국립생태원을 보고 지구상에 이렇게 다양한 생물들이 제각기 환경에 따라 적응하며 살아가는 것을 보고 놀랐다. 또한 자연 환경에 적응하지 않고서는 생존할 수가 없다는 것을 실감했다.

따라서 자연환경을 잘 보존하고 생태계가 파괴되지 않게 해야 모든 생물이 생존한다는 것을 알았다.

무엇보다 이번 봄나들이는 의미 있는 체험 탐사가 되었다. 이렇게 잘 마련되어 있는 국립생태원을 보다 많은 사람들이 견학하고 체험하도록 홍보했으면 좋겠다는 생각이 들었다.

(2014. 5. 10.)

제3부
시

퇴임 후 마음

내 손에 꼬—옥 쥔 물건
빼앗긴 듯 허전하고
오던 길 잊을까 봐
돌아보고 또 돌아보듯
만사를 조심조심
새가슴이 다 되었네

방금 전 먹은 마음
망설이다 돌아서면
용기는 어느새 잠수하고
허기진 듯 허전한 마음
실속 없이 하루하루
망설이다 해는 지고
내일의 변화를 다짐해본다

윤기 나고 화려한 지난 세월
마음 깊이 숨겨두고
금쪽 같은 남은 세월

뜬구름 잡지 말고
알알이 토실토실
보람 있게 살찌우리.

새벽을 여는 문

오늘도 잠에서 깨자마자
사랑밭 새벽편지를 열어봅니다.
새벽편지에서 느껴지는 삶의 애환…
새벽편지에는 삶의 정취가 묻어 있는 것 같습니다.

새벽편지 읽는 것이 하루의 시작이요.
나의 삶에 각오와 희망을 주는
마음의 둥지가 되어버렸습니다.

음성 새벽편지 영상의 문을 열어봅니다.
지그시 눈을 감고 음성 새벽편지를 들으면
긴 교직생활을 뒤로하고 정년퇴임한
공허한 마음도 마음의 갈등도 달래지는 것 같습니다.

새벽을 여는 고향 사립문 생각이 납니다.
쟁기 지고 이랴! 이랴! 소모는
소박한 농부의 모습이 떠오릅니다.

바닷가 항구의 새벽을 여는
뱃고동 소리가 들리는 것 같습니다.
풍어의 부푼 꿈을 안고
망망대해를 헤치며 출어에 나서는
희망에 찬 어부의 모습이 떠오릅니다.

아침 운동을 나갔다가
인력시장 앞을 지나게 되었습니다.
하루의 생활비를 벌기 위해 옹기종기 모여 있는
사람들의 모습을 보았습니다.

이 사람들이야말로
삶의 새벽을 여는 문이라고 생각했습니다.

첫눈에 소망을 담아

기다림에 지쳐 돌아누운 새벽녘
토라진 맘 달래고 예쁘게 단장하려
첫눈이 내렸나 보다

한겨울 동장군 으름장에
색동옷 벗어놓고 알몸 된 나뭇가지
세찬 바람 막아주고 솜이불 덮어주려
포근한 목화솜 눈 내렸나 보다

고난과 반목에 찌들고 얼룩진 속세
묵은 해 세척하고 새해 희망 마중하려
소망의 눈 내렸나 보다

검은 기름띠 재앙에 병든 태안반도
손에 손 잡고 인간 띠 만들어 닦고 또 닦더니
바윗돌 씻어주고 오물 덮어주려
함박눈 펑펑 내렸나 보다

한민족 한겨레 동강난 우리 땅
틈새 이어주고 통일의 문 열리게
꿈에도 바라던 소망의 눈 내렸나 보다

긴긴 밤 지새우며 풍농을 꿈꾸는 농부님
망망대해 헤치며 풍어를 꿈꾸는 어부님
포근히 품어주려 첫눈이 내렸나 보다

봄이 오는 소리

겨우내 얼어붙은 얼음장 밑
졸졸졸 흐르는 시냇물소리
양지쪽 언덕바지
살포시 내미는 새싹의 자리다툼 소리
한겨울 동면에 들었던
왕눈이 개구리 기지개 켜는 소리
미풍에 하늘거리는 버들강아지
솜털 스치는 소리
생동하는 만물의 활력소가 되고파
보슬보슬 내리는 생명의 봄비 소리
어쩜 이게
봄이 오는 소리 아닐까

파릇파릇 나부끼는 냉이, 쑥…
봄 맞으려 나물 캐는 아낙네들 노랫소리
올해도 풍년을 기원하며
이랴, 이랴! 소모는 농부의 산울림 소리
한겨울 사려놓은 돛을 올리고

풍어를 기원하는 어부의 노랫소리
따스한 봄볕에 겨우내 입었던 옷 접어두고
화사한 봄옷 갈아입으며 옷깃 여미는 소리

이게 봄이 오는 소리인가 보다

화마가 앗아간 숭례문

민족의 혼을 빼앗아갔네
숭례문 불바다

조상의 숨결이 멈추었네
숭례문 처마 끝 낙수소리

조상의 기교 어린 손길이 끊겼네
우람하고 찬란히 빛나던 문화유산

청천벽력 같은 천둥소리 울렸네
천년고도 기왓장 무너진 소리

아스라이 밀려오는 조상의 숨결 같은 자취
와르르 흔적도 없이 무너져 내릴 때
온 국민 눈시울 적시며 탄식 소리 메아리쳐가네.

묵향 속에 피는 꽃

오늘도
가람의 둥지에서
서예에 심취되어
비상의 날갯짓을 해 봅니다

coffee 한잔 나누고
웃음 한 자락 나누고
오순도순 정담을 나누며
마음의 정서를 정화해 봅니다

매일 잡는 붓이지만
뭘 그리고 쓸까
마음 설레며 망설여도 집니다

날마다 날마다
묵향 속에 그려본 마음의 그림
향기 머금은 발전 꽃피우려
기대와 설렘 속에 다짐을 하고
마음의 자국을 남겨봅니다

삶의 슬기를 키우는 둥지

보라!
삶의 기운 넘실대는 배움의 전당
덕진노인복지관 보람의 둥지를
노심을 청심으로 바꾸려
배움의 합창소리 높아만 가고
푸르름을 잉태하고 발산하는
노익장들의 약진을…

오라!
화려했던 지난 세월
추억 속에 묻어두고
부끄럽고, 망설이는 마음
멀리멀리 마실 보내고
노후 행복 창조하는 만남의 터로
두 주먹 불끈 쥐고 용기를 내어…

배우자!
늘 푸른 삶의 교훈 디딤돌 삼고

보람된 삶의 지혜, 슬기를 익혀
황혼을 아름답게 수를 놓으며
건강, 행복 지키는 지킴이 되고
사랑, 봉사 나누는 나눔이 되자

만남의 쉼터 허브향

기다림도 없이
설렘도 없이
불청객처럼 찾아온
반갑지 않은 손님
'노인'이란 두 글자에 족쇄가 되어
오늘도
고향 같은 만남의 쉼터에 앉아
여생의 설계도를 그려봅니다

한 폭의 산수화 같은
호반의 전경 바라보다가
화폭에 담고 싶은 마음
가슴 설레어
허브 차 향기 속에 소꿉동무 그려보고
클래식 음악 속에 추억을 더듬으며
오늘도
지난날을 회상해 봅니다

젊은 마음과 만학의 불씨를 지피는
덕진노인복지관 보람의 동산
풍악소리, 음악소리, 배움의 소리
합창되어 메아리 울려 퍼지면
오늘도
윤기 나는 삶을 살겠노라 다짐해봅니다

비 오는 날 오후

해님도 달님도
일과에 지쳐 토라졌나 봐
오후 반나절도 안 되었는데
온 세상 캄캄한 한밤중 같더니만
소낙비 한바탕 사납게 퍼부으며
고생에 찌든 얼굴에 맺힌 땀방울처럼
유리창에 송알송알 맺혀 흐른다

푸르름 자랑하던 창 너머 가로수
고운 자태 엊그제 같은데
찬바람 시달림에 빛바래 낙엽이 지고
바짝 달라붙은 껍질에
울근불근 힘줄이 솟은
앙상한 나목을 보니
누적된 생의 고통을 말해주는
나의 모습 같아
마음마저 캄캄한 밤이 되는 것 같다

온 세상 경제위기 굴레를 쓰고
깊고 긴 터널 속 헤엄치더니
허기진 아우성 소리 높아만 가고
날씨마저 토라져 캄캄한 밤을 이룬다

어둠컴컴한 창 너머 풍경 조명 삼아
좁다란 카페 창가에 앉아
찻잔에 지난 세월 가득 담아
한 모금 마시고 지난 추억 그려보고
또 한 모금 마시고 보고 싶은 임 그려볼거나

촛불 행진

촛불 행진
길고도 무섭다
폭력과 최루탄 힘도 아닌데
나라님의 생각을 바꾸어놓고
의사소통의 문 활짝 열었다

광우병 쇠고기!
그놈의 쇠고기 질기기도 하다
'쇠심줄 같다.'는 옛말
빈말이 아닌가 보다
TV를 틀어도 신문을 펴들어도
온통 촛불 집회 소식 도배질…
이젠 지겹고 머리가 빙빙 돈다

우리는 한민족 한겨레
서로 이해와 양보의 미덕으로
꽁꽁 얼어붙고 닫힌 가슴을 열고
새 희망 '선진국' 목표를 향하여
화합의 발걸음 옮겼으면 좋겠다

깊어가는 가을 소리

가을 깊어가는 소리가 들린다

귀뚤귀뚤 귀뜨르르
매미 소리 배턴 받고
귀뚜라미 우는 소리

톡 톡 톡!
가을 향기 풍기는 들녘
코스모스 꽃망울 터지는 소리

후— 허
가을걷이하는 농부들의
힘겨워 내뱉는 울림소리

사락사락 사르르!
곱고 예쁘게 단장한 오색 단풍잎
낙엽 지는 소리

가을이 여물어 간다

봉하골에 핀 노랑꽃

보라!
먼 길 보내는 임이 그리워

사랑합니다.
가슴이 막힙니다.
마음이 아픕니다.
통곡하며 오열하는 모습을…

묻혀버릴 뻔한 보배 같은 사연들
우리 한가슴 가득
사람 사는 세상 희망을 주고
드라마 같은 굴곡의 삶
우리 한마음 가득
기쁨과 슬픔을 일깨워 주었네

그리도 화합과 소통하는 세상 만들려
우리 가슴 가슴마다
슬픔과 비극 잉태해 주셨나요

말없이 떠나버린 바보 대통령!
통곡의 메아리 봉하 산천 뒤흔들고
애도의 노랑꽃 방방곡곡 피었네

너무 슬퍼하지 마라
원망하지 마라
운명이다.
삶과 죽음이 모두 자연의 한 조각…

마지막 우리 한가슴 울림소리!
바른 삶과 참사랑 일깨워 주시니
우리 가슴속 깊이
희망의 등불 밝혀 주시네
흠모의 큰 비석 세워 주셨네.

— 故 노무현 대통령 장례식 날

연꽃 피는 자리

오!
연꽃 예쁘고 멋지다
여기저기서 탄성의 메아리
울려 퍼진다

복숭아 볼처럼 불그레
연분홍빛 연지 찍고
파아란 연잎 양산
받쳐 들고
어서 오라 윙크하네

속세가 싫어서
길고긴 날 진흙탕 속에
동면을 하였나
술래가 찾을까 봐
고기 따라 수면 아래 잠수하였나

그때 그 자리 다시 피었네

꽃대만 발가벗고 덩그러니 서 있더니
널따란 호수는 연잎 파도 이루고
곱디곱게 피어오른 연꽃망울
국태민안 기원하는
연등 행렬 같구나

포도

덩굴손에 매달려
대롱대롱 그네를 타고
포도 잎에 싸여
새근새근 잠만 자더니
많이도 컸구나!

콩알만 한 것이
왕방울이 다 되었네.

주렁주렁 알알이
비췻빛 옥구슬 같더니
어느새 흑진주로 변했네
탐스럽기도 하여라.

톡!
달콤한 맛 한입 가득
터질 것같이
달콤한 우리 사랑 열정

한아름 넘쳐 흐르고
벗님과 맺은 우정
샘물같이 깊어 보이듯
포동포동 토실토실
여물어 가네.

인동초의 삶

한겨울 혹한에도
꿋꿋이 이겨내며
살맛나는 세상 만들려
인고의 세월 보내더니
희망과 삶의 교훈 남기고
아쉬움 속에 꽃은 졌습니다.

늘 정의 위해 고통받고
늘 몸을 던져 앞장서고
늘 밑지고 살면서
생사 준령 넘나들더니
많은 족적 남기고 떠나셨습니다.

캄캄한 밤 등댓불같이
민주화 길잡이 되고
화해와 용서의 정신 심어주며
남북의 해빙기 물꼬를 트신
선구자이셨습니다.

인생을 아름답게 가꾸고
부부간의 애틋한 사랑 본보이더니
아쉽고도 안타깝게
큰 별이
우리 곁을 떠났다고
거목이 스러졌다고
사람 사람마다
아쉬움 가슴에 묻어놓고
통한의 눈물을 훔칩니다.

— 故 김대중 대통령 국장일에

솔숲 구절초 향연

야!
가을에 첫눈이 내렸나!
솔숲 온 산을 하얗게 점령했네
구절초가 반란을 일으켰나 봐

아니야!
산에서 가을 운동회를 하나…
청군은 어데 갔지
온통 백군뿐이네

야—호 구경꾼들 탄성을 지른다
하얀 양탄자 구절초 오솔길
생각이 많아진다
지나버린 진한 추억들…

어느새
가을산 화장기가 보이고
들녘에는 누렇게 익은 벼이삭

황금물결을 이룬다

이 많은 향연에 음악이 빠질쏘냐?
구절초를 무대 배경 삼아 열린
'솔숲 속 작은 음악회'
귀에 익은 멜로디 통키타 줄을 당기면
옹기종기 연인들 모여앉아
깊어가는 가을 아쉬움 달래려는지
손뼉 치며 부르는 합창 소리
메아리 되어 높아만 간다

가을 같은 내 마음

스산한 늦가을 바람에
마음마저 찬바람 일어
실낱같은 푸른 꿈마저
시들해졌나 봐
노인이란 두 글자 굴레 속에서
마음은 청춘인가 했더니
날 보고 노인이란다

가는 세월 어찌하란 말이냐
몸도 마음도 노쇠해지는걸

인생도 한 그루 나무 같은 것
오뉴월 푸르름 빛이 바래어
오색단풍 옷 갈아입고 자랑하다가
늦가을 찬바람에 낙엽이 지듯
내 청춘 푸르름도 빛바랬나 보다

황혼에 무엇을 남기고 스러져야 할까
지난 세월 회한에 몸부림치고
어둠을 밝혀주는 해님 달님 서산에 지듯
화려한 인생의 길에도 종점은 있으니
가는 세월 서럽고 아쉽다 탓하지 말고
남은 세월 기쁨과 보람의 무늬를 따라
한 땀 한 땀 뜨개질하며
인생의 나이테를 그려 보련다.

'덕진문학' 꽃 피었네

긴긴 날
가슴 설레며 기다렸습니다
메말라가는 정서에
촉촉이 내린 단비같이
수필의 꽃 활짝 피우려고…

오늘도
노인 학생들 모이는 날
침침한 눈을 비비면
안경 너머 까마득히 보이는 깨알 글씨
쓰고 읽고 또 외워봅니다

언제나
젊음이 넘쳐나는
배움의 전당 '덕진복지관'에서
우리는
황혼을 아름답게 수놓으려
수필 탱고 노래를 부르며

생각을 키우고 글을 썼습니다

날마다
가슴 설레며 기다리던
수필의 꽃 활짝 피우더니
기다리던 땀방울 열매
튼실하게 열렸습니다.

연아의 눈물

보라!
시상대 가장 높은 곳 우뚝 서
애국가 부르며 기쁨의 눈물 훔치는
자랑스러운 대한의 딸을…
처절한 고독 속에서 자신과 싸우며
혹독한 고생 꿋꿋이 이겨내더니
밴쿠버 동계 올림픽 시상대에
번쩍번쩍 금메달 목에 걸고
펄럭이는 태극기를 바라본다

온 국민 하나 되어 가슴 졸이며
옹기종기 텔레비전 앞, 발을 멈추고
그리도 기다리던 금메달 낭보에
환희도 눈물도
연아와 온 국민이 하나 되었네

멋지다 대단하다 장하다
한반도 환호의 울림소리

감탄의 메아리 지축을 흔든다

피겨스케이팅 춤사위 잘은 모르지만
007제임스 본드 동작도 멋있고
높이높이 솟아 팽이처럼 뱅뱅 돌고
나비처럼 너울너울 춤을 추며
학처럼 고고하게 나는 모습
천사가 내려와 춤을 추는 것 같네

온 국민에게 꿈과 희망을 주고
세계만방에 코리아 이름을 드높인
자랑스러운 대한의 딸!
한국인을 넘어
세계인의 선망이 되었네.

봄이 오는 길목에서

봄이 왔나 봅니다
소리 없이 땅을 헤집고
새싹들 고개 내밀면
긴긴 날 움츠렸던 가슴 펴고
꿈과 소망의 문을 노크해 봅니다

늘
그랬듯이
새봄이 오면 가슴 설레며
소망을 빌어봅니다

오늘만은 따사로운 봄볕을 쬐며
둥실 떠가는 흰 구름 벗 삼아
하얀 눈처럼 흩날리는
벚꽃 길을 한없이 걷고 싶습니다

이 봄에 무슨 자랑이 그리도 많은지
산새들 조잘대고

수많은 꽃들이 합창을 합니다

마음 설레어 흥에 겨우면
어떤 몸짓 무슨 추임새로
장단을 맞춰야 할까요?

청평 호숫가에서

파아란 산야 끝자락
늘 푸른 잎사귀 꼬오옥 짜 담아 모은 듯
검푸른 청평 호수 아름답구나!

끝이 보이지 않는 자동차 행렬
상행선 하행선 거북이 걸음마
언제나 통행금지 해제되어
신 나게 싱싱 달려보려나!

머언 산봉우리 안개에 싸여
무동을 타고
저 멀리 물안개 틈 사이 헤치고
호수의 멋, 속살까지 보여주려는 듯
수상스키 물살을 가르고 물보라 이루며
삶에 지친 마음을 달래주는 것 같다

멀고머언 청평 호반의 산책길
길고긴 자동차 행렬이 꿈틀대면

물자세 돌리듯 천천히 아주 느리게
또 자동차 페달을 밟아본다

물살을 가르며 노니는 보트를 보니
동구 밖 시냇가 물장구치던
옛 동무들과 진한 우정의 추억
신 나게 달리며 한가로이 노닐고 싶다

도시의 풍경

도시는
파란 나무는 드문드문 눈요깃감
회색 옷 걸치고 키 재기 하나
아파트 숲 늘어만 간다

도시는
호젓한 산책길 생명을 잃고
넓은 길 골목길 모두 한가지
무엇이 그리도 급한지
자동차 달리기 경주를 한다

도시는
오가는 사람마다 종종걸음
보물찾기 놀이를 하나
누구를 그리도 만나러 가는지
가는 곳마다 왁자지껄, 시끌벅적
무슨 할말이 그리도 많을까?

도시는
요지경 속 삶의 전시장
푸른 마음마저 회색에
맛들일까 마음 졸인다.

홍시 맛

콩알만 한 감또개
올망졸망 매달려
누가 이기나 자리다툼하더니
어느새 자라
저리도 포동포동 살이 쪘을까?
뚱보가 다 되었네

울긋불긋 단풍잎 시샘이 났나?

여름내 땡볕에 데어
발그스름한 얼굴
노랑, 빨강 분단장하고
파란 하늘 향해 날름거리는
오색 잎새 뒤에 숨어서
보일락 말락
숨바꼭질하나 봐

홍시는 정말 달까?
달콤한 연인의 사랑만 할까?
모르겠다
대롱대롱 두고 보려 했는데
한입 꼭 깨물어 봐야지!

까치밥은 남겨놓고…

깊은 산속

구름은 산을 안고 너울너울
춤을 추고
산은 구름을 이불 삼아
새근새근 잠이 든다

쏴-아 졸졸졸 산울림 소리가
고요한 적막에서
그만 깨어나라 울려 퍼진다

아름드리 나뭇가지,
집채만 한 바위에
파-아란 이끼가
더덕더덕 도배를 했다
천만 년 세월을 지켜왔나 보다

저—멀리 등산객 야-호 소리에
산새들 깜짝 놀라
푸드득 날갯짓을 한다

산은
덩치만큼이나 마음도 넓고 크나 보다
그 많은 사람을 품어주니…
올라오는 사람 내려가는 사람
산이 심호흡을 하는 것 같다.

빈 잔

파아란 하늘 한 아름 움켜 담고
울긋불긋 단풍잎 꼬옥 짜 붓고
보고 싶은 마음 모아 가득 채우고 싶구나!
빈 잔에…

동화 속
마지막 잎새처럼
늘
그 자리 지키며 희망을 주던
자원봉사, 이웃 사람들…
고마운 마음을 담아두고 싶구나!
텅 빈 마음의 잔에

오늘도
빈 마음에 미완성 삶을 채우려
오순도순 정담을 나누고
미완성 삶의 설계도를 그리며
얼마 남지 않은 인생의 퍼즐을
맞추어 봅니다.

벚꽃 잔치

동장군 불호령에
긴긴 날 가슴 졸이다
살포시 고개 내밀고
꽃망울 빙그레 미소를 짓네

올망졸망 조롱조롱
많이도 모였구나!
꽃샘추위 이겼다고
새봄 잔치 하나 봅니다

툭!
펑!
팝콘 같은 꽃망울 터지는 소리
벌 나비 모셔다 놓고
벚꽃 잔치 열렸네.

내 놀던 자리

내 놀던 자리
내 오르던 동산
낯익은 동무들
그때 그곳이 그립다

오라고 손짓 하나 없고
가보라 부탁 하나 없어도
발길이 멈추고 싶고
마음이 머무는 자리

그 자리가 꽃자리였나 보다

먼 훗날
그때 그 자리가 그리워
향수병 나거든
고향 품에 꼬옥 안겨보리라

가을 산

긴 여름 내내
파아란 단벌옷 하나로
잘도 견뎌내더니
마지막 꾸민 화장기 도는 모습
곱고도 아름답구나!

나이 들면 가을을 싫어한다는데
깊어가는 가을
너무도 아름답고 사랑스런 모습
보내기 아쉬워
사랑하는 임처럼
가슴에 안고 꼭 품어주고 싶구나!

오늘도
듣고 싶지 않은 메아리
노인이란 두 글자 귓전에 원을 그려도
가을 산 좋아하니
마음은 아직도 청춘인가 보다

새해 아침의 기도

새해 바람의 함성 큰 뜻을 품고
붉은 태양이 찬란히 솟아 오른다

아쉬운 한 해를 안고 떠난 자리
새해 달력이 자리를 잡고 반길 때
새해 소망과 꿈을 담아
설레는 가슴 다독이며 다짐해 봅니다

활기차고 윤기 나는 삶을 위해
닦고 뛰어보겠노라고…

이마의 주름살만큼이나
겹겹이 쌓인 세월의 나이테
마음의 주름살 활짝 펴고
단단한 고목의 가지에
기쁨과 보람의 꽃을 피우며
즐겁고 행복한 열매만
주렁주렁 열리라고

소망을 빌어봅니다

감사하고 사랑하는 마음만
가득 채워 은총을 누리소서!
청춘 같은 마음으로
삶의 보람을 찾게 하옵소서!
두 손 합장하여 빌어봅니다.

행복의 메아리

콩콩콩 쿵쿵쿵
한밤중 우리 집 울림소리
절간같이 조용한 집이
손자손녀들 뛰노는 소리에
한바탕 난리가 난 것 같다.

쿵쿵쿵
너른 들판 뛰노는
아기 염소도 같고
솨—솨 솨—아악
나무 틈새 부는 바람같이
파아란 물속 춤추는 고기 떼같이
우르르 몰려 다닌다

엄마
잉—잉 이—이잉
형아가 때렸어, 오빠가 빼앗아갔어…
언제 그랬냐는 듯

왁자지껄 헤—헤 호—호
사랑이 넘친다
행복의 협주곡 같다

구름

파아란 호수같이 넓은 하늘에
구름 떼가 요술쟁이처럼 그림을 그린다
뭉게뭉게 하얀 목화솜 그렸다가
양 떼 같은 동물을 그렸다가
한 폭의 산수화를 그려놓는다

오늘은 무슨 그림을 그릴까?
설레는 마음으로 하늘을 올려다본다

새카만 먹구름이 모였다가 흩어지고
흩어졌다가 어느새 대군이 되어
밀치고 당기며 전쟁놀이를 한다

구름은 사람 마음을 닮았나 보다
기쁘고 기분 좋은 날 마음 설레듯
푸르고 맑은 날 하얀 뭉게구름
솜사탕같이 부풀어 오르고
외롭고 슬픈 날 아쉬움 맴을 돌듯이

어둡고 흐린 날 먹장구름 우르르-쾅!

천둥소리 지축을 흔들며

소낙비 사납게 대지를 적신다

강천산 풍경

산마루 끝자락 휘감아 도니
소슬바람에 낙엽은 흩날리고
푸르고 곱던 옷 다 벗어놓고
앙상한 뼈마디가 보인 채
나무들 알몸으로 산을 지킨다

높고도 맑은 폭포수에
탐욕에 눈독들인 세상만사
마음을 씻었거늘
무엇을 더 내려 놓으라
물세례를 저리도 하는가?

높고도 깊은 산골짜기에서
우려낸 개울물 맑다 지쳐서
수정같이 맑은 거울이 되었나 봐
송사리 떼 사랑 놀음
숨바꼭질도 못하겠구나!

어항 속 놀이꾼

치어稚魚 떼가 어항 속에서
땡—쇼를 한다
모였다가는 흩어지고
흩어졌다가는 다시 모여
온종일
치마폭 같은 꼬리를 흔들며
춤사위를 뽐낸다

죽은 듯 능청스럽게 잠을 자는 놈
수영 실력 뽐내려 배회하는 놈
괜스레 잘 노는 놈을 건드려
쌈박질이 벌어진다

다 자란 어비 고기가 엄시손돕반 하니
앙증맞고 귀엽기만 하다
키는 작지만 놀이꾼 대장
다산 챔피언이라더니
며칠 만에 대가족이 되었네

오색 낙엽 비

은행잎 노랑 비
단풍잎 빨강 비
오색비가 내린다

푸른 꿈 파란 옷 다 벗어놓고
울긋불긋 색동옷 만들려
긴긴날 우려내더니
한 자락 스쳐가는 소슬바람에
오색 비 되어 내린다

긴 터널 같은 인생의 고빗길
앞만 보고 달려온 몸체
울근불근 인생의 나이테
힘줄이 솟듯
우수수 사락사락 낙엽 비 내리면
앙상한 뼈마디가 보인다

파란 옷 색동옷 다 벗어놓고
알몸 빈손으로
부끄럽고 추워서 어찌 살려고….

눈꽃 풍년

자고 나면 하얗게 핀 눈꽃 세상
온 산야가 잔설로 가득한데
간밤에 내린 눈 선물 받고
삼층탑이 되었네

삶에 찌든 흉허물 얼마나 많아
아침부터 저다지 떡가루 같은
싸락눈 스프레이를 또 뿌려댈까?

한평생 살아오며 남긴 발자국
걸음걸음 남긴 흔적 뒤돌아봐지고
지난날 추억이 아스라이 떠오른다

사람들 마음과 양심
소복이 쌓인 흰 눈처럼
포근하고 순결하면 얼마나 좋을까?
서툴고 모자라 생긴 흉허물
배려하는 마음의 눈으로 덮고
관용을 베푸는 기수가 되자

(2013. 1. 3.)

가을 사랑

산들바람에
가을이 왔다고 호들갑인걸 보니
고된 인생살이만큼이나
찜통더위에 시달렸나 보다

매미 소리 멀어지고
섬돌 밑 귀뚜라미 소리 목청 높이니
가을 노래라도 부르며 장단을 맞춰볼까

가을은 인기가 짱!
생명의 씨앗 열매 여물어가고
마음은 깊어만 가니
가을 사랑에 포로가 된다

파아란 옷 단벌신사
푸른 나무들…
어느새 불그레 화장기가 돌고
활기찬 행인들 날마다 날마다
옷매무새 달라져만 간다

첫눈 내리는 밤

세월은 못 속이나 보다
늙으면 주름살이 늘고 백발이 되듯
엊그제 소설을 지나더니
기어코 첫눈 선물한다

한 해 동안 쌓인 허물 잊으라 다독이며
새 마음 새 꿈으로 다잡으라고
연거푸 하얀 눈 저리도 뿌려대나 보다.

얄밉고 야속한 동장군!
예쁜 색동옷 나뭇잎 벗겨내더니
어느새 나뭇가지 하얀 눈꽃 피우고
아름답고 고운 풀벌레, 새소리 깊이 잠들라
하얀 솜이불 겹겹이 덮어만 간다

작은 숨소리라도 메아리 남길 듯한
고요한 밤!
세월이 남긴 매듭의 추억 풀어보라고
첫눈이 하염없이 소복이 내려 쌓인다

봄비

봄비가 촉촉이 내립니다
애틋하게 기다렸던 봄비이기에
마음 설레고 반가워서
창밖에 보슬보슬 내리는 빗방울과
눈싸움을 해 봅니다

봄비야!
버드나무 새 눈 봉오리 도톰하게 부풀려주고
목마름에 시든 초목들 단물이 오르도록
신 나게 흠뻑 입맞춤해다오

고마운 봄비야!
산천초목들 진하게 목욕하도록
조금 더 조금만 더 내려라 빌자 한다
네가 신 나게 춤추다 떠나면
내 마음도 반쯤 젖어 윤기가 나고
꽃 피고 탐스런 열매도 맺어지겠지

제4부
방송대본

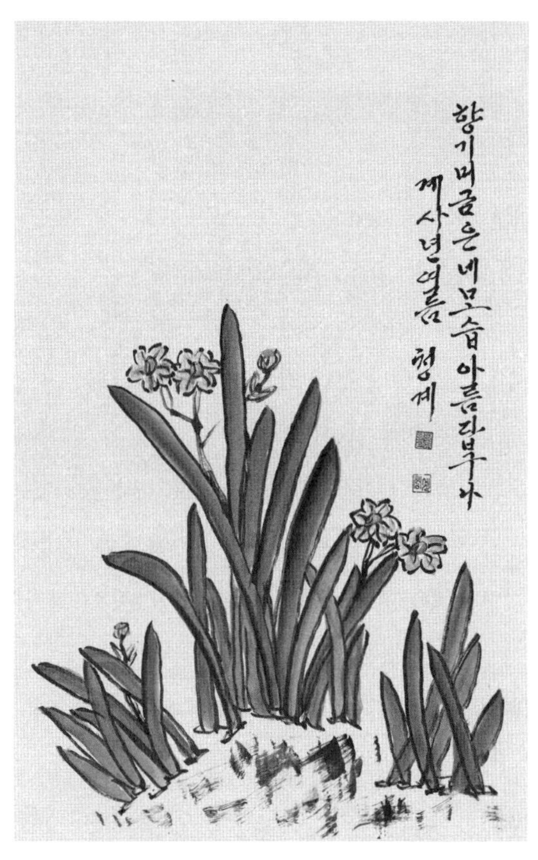

바른 마음을 갖자

SM up & down
〈문학산책〉 어느 시인의 노래

(이) 안녕하세요? 화요일 〈문학산책〉 시간을 진행하는 이주자, 한현수입니다.
어르신들 엊그제 비가 오더니 날씨가 제법 쌀쌀해졌지요. 감기 조심하세요. 복지관 복도에 걸린 땀과 정성으로 이뤄낸 훌륭한 작품을 보니 또 한 해가 저물어가는가 봅니다. 선생님, 보셨지요?

(한) 그럼요. 수준 높은 작품을 보고 깜짝 놀랐습니다. 모든 것이 마음먹기에 달렸구나! 하는 생각을 했습니다.

(이) 그래요. 어르신들 연세에 흐르는 세월 따라 무미건조하게 그

냥 보낼 수도 있을 텐데 보람되고 아름다운 추억을 남기느라 얼마나 고생이 많으셨을까 하는 생각이 들었어요.

(한) 그럼 오늘은 인간의 삶에서 가장 중요한 '바른 마음을 갖자.' 라는 주제로 〈문학산책〉 진행을 해보면 어때요?

(이) 좋아요. 그럼 먼저 노래 한 곡 띄워드리고 〈문학산책〉 계속 진행하겠습니다. 한경애가 부릅니다. 〈옛 시인의 노래〉

Music : 1. 〈옛 시인의 노래〉

(한) 잘 감상하셨나요. 겨울로 가는 길목에서 가을을 보내기 아쉬워 〈옛 시인의 노래〉를 골라 보았습니다.

지금은 이주자와 한현수가 진행하는 〈문학 산책〉 시간입니다.

(이) 인간의 삶에서 행동에 앞서 마음이 중요한 것 같아요. 세익스피어의 어록에 보면 '마음이 먼저이다. 마음이 앞서 가야 몸도 뒤따라간다. 마음이 즐거우면 몸은 지쳐도 얼굴에는 빛이 난다.'라고 했던데요.

(한) 오늘은 목은 이색 선조가 지은 한시, 〈시자손시(示子孫詩)〉 중 일부를 소개할까 합니다.

BGM in - up down

〈示子孫詩 손자들에게 주는 시〉

形端影豈曲 (형단영기곡)

* 모양이 단정한데 어찌 그림자가 굽을 수가 있겠는가? 즉 몸이 곧으면 그림자도 곧은 것이고 몸이 굽어 있으면 그림자도 굽게 될 것이다.

源潔流斯淸(원결류사청)

* 수원지가 맑으면 하류의 물도 맑다. 즉 물의 근원이 맑아야 하류를 흐르는 물도 맑다.

修身可齊家(수신가제가)

* 자기 자신을 잘 닦으면 집안을 다스릴 수 있는 것이니

無物由不誠(무물유불성)

* 성실하지 않고서는 이루어지는 일은 아무것도 없다.

BGM out

(이) 이 시는 목은 이색 선조가 자손들에게 '바른 삶을 살아라.' 하는 뜻으로 남긴 시로, 16행으로 되어 있는데 그중 4행을 소개해드렸습니다.

이 시는 '윗물이 맑아야 아랫물이 맑다. 근본인 뿌리가 올바로 서야 모든 것이 바로 선다.' 라는 뜻이 담겨 있습니다. 이 시는 우리 삶에서 꼭 지켜야 할 가르침을 주는 내용으로 널리 전해오고 있습니다.

(한) 그럼 여기서 노래 한 곡 더 감상하고 〈문학산책〉 계속 진행하겠습니다.

〈마음이 고와야 여자지〉 남진이 부릅니다.

Music 2. 〈마음이 고와야 여자지〉

(이) "마음이 고와야 여자지, 얼굴만 예쁘다고 여자냐?"재미있는 노래내요.

선생님은 어떻게 생각하세요? '마음씨 고운 여자, 얼굴 예쁜 여자' 만일 결혼상대로 고른다면 누구를 고르시겠어요?

(한) 예― 마음 고운 여자이지요.

(이) 과연 그럴까요? 말만 그러지 남자들은 그렇지도 않은 것 같아요.

(한) '마음' 이야기나 계속하지요. 아― 참 목은 이색은 고려 3은이라고 한답니다. 고려 시대 세 명의 충신을 말하지요. 목은 이색, 포은 정몽주, 야은 길재랍니다.

(이) 참 선생님, 수신제가 치국평천하라는 말을 많이 쓰는데 설명 좀 해 주세요.

(한) 수신제가치국평천하(修身齊家治國平天下) 핵심은 수신(修身)입니다.

수신(修身) 몸과 마음을 닦으면 자연적으로 제가(齊家) 즉 화목한 가정이 이루어지고 나아가 치국(治國) 천하 평정은 자연적으로 이루어진다는 뜻이랍니다.

(이) 그럼, 여기서 또 노래 한 곡 감상하고 계속 진행하겠습니다. 〈허무한 마음〉 정원이 부릅니다.

Music 3. 〈허무한 마음〉

(한) 〈허무한 마음〉 잘 감상하셨나요? 돌아온단 사람이 소식 없어도 허무하지만 계획한 일이 성공하지 못하고 작심삼일로 끝나버릴 때도 허무하지 않을까요?

(이) 그래요. 그래서 항상 초심으로 돌아가자는 말을 많이 쓰지요. 인터넷에 실린 좋은 글을 소개하겠습니다.

BGM in - up down

우리가 아껴야 할 마음은 초심입니다.
훌륭한 인물이 되고 중요한 과업을 성취하기 위해서는
세 가지 마음이 필요하다고 합니다.
첫째는 초심, 둘째는 열심, 셋째는 뒷심
그중에서 제일 중요한 마음이 초심입니다.
그 이유는 초심 속에 열심과 뒷심이 담겨 있기 때문입니다.
가장 지혜로운 삶은 영원한 초심으로 살아가는 것입니다.
초심을 상실했다는 것은 교만이 싹트기 시작했다는 것입니다.
초심을 잃지 않기 위해서 우리는 정기적으로 마음을 관찰해야 합니다.
초심은 사랑과 같아서 날마다 가꾸지 않으면 안 됩니다.

BGM out

(한) 좋은 내용이네요. 우리도 초심으로 돌아가자는 말을 많이 쓰는데 특히 정치인들이 입버릇처럼 쓰는 말이지요.

(이) 오늘은 마음을 주제로 삼고 이야기를 나누어 보았습니다. "마음은 몸의 주인이고 몸은 마음을 담는 그릇이다."라는 말이 새삼 떠오르네요.

(한) 마음을 바르고 곧게 가지면 몸도 따라서 바르고 곧아지게 되며, 마음을 잘 가꾸고 닦는 것이야말로 올바른 행동, 올바른 삶을 위해 가장 중요한 일이 아닌가 생각합니다.

(이) 오늘 마지막 노래는 요즈음 가을 국화도 만발했지만 전주천 둔치에 핀 억새풀 꽃이 하도 장관이어서 〈꽃밭에서〉란 노래를 골라보았습니다. 정훈희가 부릅니다. 지금까지 진행에 이주자, 한현수 엔지니어 이지웅이었습니다. 안녕히 계십시오.

Music 4. 〈꽃밭에서〉

(2011. 11. 22. 방송)

행복한 마음

SM up & down
〈오늘의 아침 명상〉

(조) 안녕하세요? 화요일 〈아침 명상〉을 진행하는 조영순입니다. 어르신들, 요즘 날씨가 후텁지근해서 활동하기에 불편하시지요? 그래도 비가 가끔 내려 아침저녁으로는 조금은 시원한 것 같아요.
며칠 후면 여름방학이라지요. 그래서 오늘은 그동안 혼자 진행했던 화요일 아침 방송을 오후 방송을 맞고 계시는 한현수 선생님과 듀엣으로 진행해볼까 합니다.
선생님, 반갑습니다. 어르신들께 먼저 인사드리시지요?

(한) 그럴까요. 안녕하세요? 화요일 오후 방송 〈문학산책〉을 진

행하고 있는 한현수입니다.

(조) 그동안 여러 가지 명상법 중에서 문학과 음악을 통해서 스스로 영혼을 맑고 깨끗이 하는 방법을 찾아드리고, 삶의 질을 높이려 노력했는데 얼마나 도움이 되었는지 모르겠어요.

(한) 선생님, 무슨 그런 겸손의 말씀을 하세요. 저는 선생님께서 우리 주변 생활상의 문제나 체험을 통한 주제와 내용으로 방송을 해주시어 현실감이 있고 삶에 교훈이 되었습니다.

(조) 그렇게 봐주시니 감사합니다. 그럼 오늘 행복과 관계 있는 삶의 이야기를 나누어 보면 어때요?

(한) 좋아요. 그럼 여기서 노래 한 곡 보내드리고 진행하겠습니다.

〈행복의 샘터〉 박재란, 이양일이 부릅니다.

Music 1. 〈행복의 샘터〉

(조) 좀 오래된 노래지만 가사가 하도 마음에 들어 선곡해 보았습니다. '우리 서로 손을 잡고 찾아갑시다.' 노래 마지막 소절이 희망을 주는 것 같지 않아요?

선생님은 행복에 대해서 어떻게 생각하세요?

(한) 글쎄요. 어느 책에서 보았더니 행복이란 나에게 주어진 모든 것을 사랑하고 배려하며 감사드릴 때 그것이 참 행복이라고 쓰여 있더군요.

행복은 사람마다 해석이 다르겠지요? 저는 행복이란 자신이

하는 일에 보람을 느끼고 현재의 생활에 만족을 느끼면 행복한 생활이 아닌가 하고 생각해 봅니다.

(조) 에이브러햄 링컨의 말이 생각나네요. "모든 사람은 마음먹는 만큼 행복해진다." 저는 이 말을 '욕심을 줄이고 만족하는 것 그게 행복이다. 즉 행복과 불행은 마음먹기에 달려 있다.'고 생각해봅니다.

(한) 선생님 말씀이 맞는 것 같아요. 모든 것이 긍정적, 부정적 둘 중 어느 쪽으로 보고 생각하느냐에 따라 행복과 불행이 찾아온다고 보아요.

(조) 그래요. 어떤 사람은 자기에게는 행복보다 불행만 찾아온다고 생각하면서 매사에 피동적이며 자신 없는 사람도 보았어요.

(한) 그럼 또 노래 한 곡 감상하면서 잠깐 쉬었다 가지요. 양희은이 부릅니다. 〈행복의 나라로〉

Music : 2. 〈행복의 나라로〉

(한) 노래 잘 감상하셨나요? 지금은 하루의 일을 설계하는 희망의 아침 시간으로 〈오늘의 아침 명상〉을 보내드리고 있습니다. 앞에서 행복과 불행이 마음먹기에 달렸다고 했는데 인터넷 '좋은 글'에 탑재되어 있는 글을 낭독해 드리죠.

(조) 좋아요. 그럼 행복한 사람과 불행한 사람 생각이 어떻게 다른지 알아볼까요.

BGM in - up down

☺ 행복한 사람과 불행한 사람 ☹

(한) 행복한 사람은 남을 위해 기도하고, 불행한 사람은 자기만을 위해 기도한다.

(조) 남의 칭찬을 자주 하는 사람은 행복한 사람이고, 자기 자랑을 자주 하는 사람은 불행한 사람이다.

(한) 일을 보람으로 아는 사람은 행복하고, 의무로 아는 사람은 불행하다.

(조) 언제나 싱글벙글 웃으며 말하는 사람은 행복하고 투덜대는 사람은 불행하다.

(한) 평생 고마웠던 일만 마음에 두는 사람은 행복하고, 섭섭했던 일만 마음에 두는 사람은 불행하다.

(조) 남이 잘되는 것을 축복하고 위로하는 사람은 행복하고, 남이 잘되면 배가 아프고 실패하면 통쾌해하는 사람은 불행하다.

(한) 행동으로 보여주는 사람은 행복하고, 말로 보여주는 사람은 불행하다.

(조) 자신에게 엄격하고 남에게 부드러운 사람은 행복하고, 자기에게 후하고 남에게 가혹한 사람은 불행하다.

(한) 감사하는 마음을 먹는 사람은 행복하고, 불평한 마음을 먹는 사람은 불행하다.

(조) 마음까지 화장하는 사람은 행복하고, 얼굴만 화장하는 사람은 불행하다.

(한) 자신의 잘못을 곧바로 인정하는 사람은 행복하고, 잘못했다는 말을 절대로 하지 않는 사람은 불행하다.

(조) 누구에게나 배우려는 사람은 행복한 사람이고, 자신이 만물박사라고 말하는 사람은 불행한 사람이다.

(한) 겸손과 양보가 몸에 밴 사람은 행복하고, 교만과 거만이 몸에 밴 사람은 불행하다.

(조) 자신의 잘못을 뉘우치는 사람은 행복한 사람이고, 자기의 잘못을 모르는 사람은 불행한 사람이다.

BGM out

(한) 여기서 노래 한 곡 감상하고 오늘의 〈아침 명상〉 방송 계속 진행하겠습니다.
해바라기가 부릅니다. 〈행복을 주는 사람〉

Music 3. 〈행복을 주는 사람〉

(조) 음악 잘 감상하셨나요? 나의 행복은 누가 가져다주지 않습니다. 돈을 주고도, 멀리 가서 구해 올 수도 없습니다. 다만 나는 지금 행복하다고 마음먹는 순간 그때부터 행복은 가까워집니다.

(한) 어르신 여러분! 일생 중 행복한 시간은 얼마나 된다고 생각하십니까?

80년 동안을 산 스위스 한 노인이 자신의 삶을 따져본 결과 불과 46시간밖에 되지 않는다고 했습니다. 독일의 대문호 괴테는 일생에서 정말 행복한 시간은 15분이 채 되지 않는다고 고백했답니다. 또한 나폴레옹도 진정으로 행복한 시간은 1주일도 안 된다고 했습니다.

(조) 삶을 부정적인 생각보다는 매사를 긍정적으로 생각하고 현재에 만족하고 최선을 다하는 것이 행복한 삶이 아닌가 생각해 봅니다.

매사를 긍정적으로 생각하고 현재 생활에 만족하며, 더 나은 미래를 위해 최선을 다합시다. 지나친 욕심과 허세를 버립시다. 그리고 명상을 통하여 자신의 진정한 모습을 찾아 발견하고 깨끗한 영혼을 성장 발전시킵시다.

(한) 오늘 아침 방송이 1학기 〈오늘의 아침 명상〉 마지막 시간인 것 같습니다.

오늘 아침에는 행복하고 보람 있는 삶의 연장을 위한 마음가짐에 대해서 이야기했습니다. 2학기에 더 알찬 내용으로 모실 것을 약속드리고 오늘 아침 방송을 마칠까 합니다.

마지막 노래 띄워드립니다. 〈행복이란〉 조경수가 부릅니다.

지금까지 진행에 조영순, 한현수, 엔지니어 김현우였습니다.

안녕히 계십시오.

Music 4. 〈행복이란〉

(2012. 7. 10. 방송)

친구

SM up & down
〈문학산책〉 어느 시인의 노래

안녕하세요? 화요일 〈문학산책〉을 진행하는 한현수입니다.
올해는 유달리 꽃샘추위가 기승을 부려 생활하기에 불편하셨지요?
화사하게 핀 봄꽃들 보면 고향 생각도 나고 옛 친구 생각도 나시지요? 어르신들 복지관에 오셔서 친구 새로 많이 사귀셨지요?
"친구를 갖는다는 것은 또 하나의 인생을 갖는 것이다." 라는 그라시안의 명언이 생각이 나네요.
오늘은 친구에 대한 글 한 구절을 낭송해 드리고 친구에 관한 이야기로 꾸며볼까 합니다.
그럼 먼저 봄과 관계 있는 노래 한 곡 보내드리고 〈문학산책〉 계속 진행하겠습니다.
〈처녀총각〉 은방울 자매가 부릅니다.

Music 1. 〈처녀 총각〉

노래 잘 감상하셨나요? 봄이 왔다고 하네요. "숫처녀의 가슴에도…/ 아장아장 나물 캐러 간다고…" 목련, 벚꽃이 만발했지요.
봄꽃 이야기는 잠깐 접어두고 '친구'에 관한 글 한 구절 소개할게요.

BGM in - up down

> 친구(親舊)의
> '친(親)'자의 한자 구성을 보면
> '나무 위에 서서 지켜봐 주는 것'이다.
> 그렇게 지켜보다가 내가 어렵고 힘들 때
> 내게로 다가와 준다. 진정한 친구는
> 모두가 떠날 때 내게 오는 사람이다.
> 과연 나에게 그런 친구는 몇이나
> 될까. 아니, 나는 누군가에게
> 과연 그런 친구일까.
>
> — 이종선의 〈성공이 행복인 줄 알았다〉 중에서

BGM out

여기서 또 노래 한 곡 감상하고 〈문학산책〉 길을 재촉하겠습니다, 심봉석 작사 신귀복 작곡 〈얼굴〉, 양희은이 부릅니다.

Music : 2. 〈얼굴〉

노래 잘 감상하셨나요. '동그라미 그리려다 무심코 그린 얼굴' 누구 얼굴을 그릴까요? 사랑하는 사람, 아니면 정다운 친구…
방금 전 이종선 작가님이 쓴 글에서 어르신들 무엇을 느꼈나요? 나무는 끝까지 자기 자리를 떠나지 않습니다. 나무는 자신을 위해 그늘을 만들지도 않습니다. '나무 위에서 지켜본다.'는 것은 처음 만난 자리에서 끝까지 지켜보며 그늘을 만들어 준다는 뜻입니다. 나에게 그런 친구 어디 없나 찾으려 말고 내가 그런 친구가 되어주면 어떨까요.
이 글을 쓴 이종선 작가님은 20년 동안 개인 이미지 관리와 고객만족(CS) 컨설팅을 해온 이미지 설계 전문가이자 대한민국 최고의 CEO 컨설턴트로 그동안 1,000여 개의 기업과 정부기관, 종합병원 등 다양한 조직에서 커뮤니케이션을 가르쳤다고 합니다.
그럼 여기서 잠깐 음악 한 곡 감상하고 〈문학산책〉 길을 재촉하겠습니다. 조용필이 부릅니다. 〈친구여〉

Music : 3. 〈친구여〉

가창력이 뛰어난 조용필 노래를 들으니 꽉 막힌 구멍이 뻥 뚫린 것 같지요.
친구 사이도 여러 종류가 있다고 하지요. 어떤 친구가 있는지 소개하겠습니다. 친구 사이를 보면

BGM in - up down

* 어린 시절 함께 자라고 비밀이 없을 정도로 절친한 친구 사이를
  → 죽마고우(竹馬故友)라 하고.
* 숙명처럼 물과 고기의 삶 같은 환경을 → 수어지교(水漁之交)
* 단단한 무쇠나 돌처럼 견고함을 지닌 사이를 → 금석지교(金石之交)
* 서로의 의기가 모여 편안한 친교를 → 막역지교(莫逆之交)라 하고.
* 허물이 없는 친교를 → 관포지교(管鮑之交)라 하며,
* 목숨 걸고 맺은 신의(信義)의 친구를 → 문경지우(刎頸之友)라 한답니다.

BGM out

어르신들은 어떤 친구 사이의 벗을 두셨나요. 어떠한 친구라도 한 명쯤 곁에 두고 산다면 성공한 인생이라고 생각합니다.
삶이란 혼자 사는 것이 아니라 어디선가 누군가와 함께하는 인연

속에 살아간다고 생각합니다. 나를 소중하게 생각하고 귀하게 여기듯, 다른 사람도 소중하고 귀하게 여길 때 그만큼 삶이 풍요로워지지 않을까요?
친구에 관한 글을 소개하다 보니 이런 명언이 생각나네요.
"좋은 친구가 생기기를 기다리는 것보다 스스로가 누군가의 친구가 되었을 때 행복하다."라는 러셀의 명언입니다.
어려운 일이 생겨 모두가 떠날 때 내게 오는 진정한 친구는 과연 몇 사람이나 될까 하는 생각이 드네요.
그럼 여기서 노래 한 곡 감상하면서 잠깐 쉬었다 가죠.
〈옛 친구〉 김세환이 부릅니다.

Music : 4. 〈옛 친구〉

노래 잘 감상하셨나요?
인간은 누구나 친구의 영향을 받는다고 하지요? 친구에는 세 종류가 있다고 합니다.
첫째는 음식과 같은 것으로서 매일 필요한 친구
둘째는 약과 같은 것으로서 가끔 가다가 있어야만 하는 친구
셋째는 병과 같은 것으로서 피해야만 하는 친구
어르신 여러분은 어떤 친구를 두고 계십니까?
친구는 타고 있는 석탄과 같다고 합니다. 적당한 거리까지 다가가지 않고는 몸을 덥힐 수가 없지만 너무 다가가면 몸을 데고 만다는 말이 있습니다.

이런 친구는 진실한 친구가 아니고 친구인 체하는 철새와 같은 친구 즉 추워지면 당신 곁을 떠나버릴 친구이겠지요.
힘들 때 손을 잡아주는 친구가 있다면 당신은 이미 행복의 당선자라고 했습니다. 친구에게 손을 잡히는 것도 좋지만 내가 먼저 힘들 때 손을 잡아주는 친구가 되었으면 합니다.
진실한 친구 한 분쯤은 두고 여생을 즐기시기 바라며 끝으로 최성수가 부르는 노래 〈동행〉을 보내드리면서 〈문학산책〉 발길을 멈출까 합니다.
지금까지 방송 진행에 한현수 엔지니어 문장화님이었습니다. 안녕히 계십시오.

Music : 5. 〈동행〉

(2013. 4. 16. 방송)

새해 새아침 계획

SM up & down

〈문학산책〉 어느 시인의 노래

안녕하세요? 화요일 〈문학산책〉을 진행하는 한현수입니다.

어르신들 겨울 휴가 평안히 잘 지내셨지요? 그러고 보니 새해 인사가 빠졌네요.

먼저 새해 인사 올리겠습니다. 어르신들 '새해 복 많이 받으세요.' 새해에도 건강하고 가정에 평안과 행복이 충만하시기를 빌겠습니다.

어때요? 금년에도 보람 있는 좋은 계획 세우셨지요. 꼭 소원 성취하시기를 빌겠습니다.

새해에 들어와 〈문학산책〉 처음 하는 방송, 오늘은 며칠 전에 보낸 설과 관계 있는 시 소개와 이야기로 꾸며볼까 합니다.

그럼 먼저 노래 한 곡 보내드리겠습니다. 양희은이 부릅니다. 〈네 꿈을 펼쳐라〉

Music 1. 〈네 꿈을 펼쳐라〉

어때요? 노래 잘 감상하셨나요. 어르신들 올해에도 작은 꿈과 소망이라도 목표를 세워 지내는 것이 좋지 않을까 생각이 드네요.
비록 '작심삼일'이 될는지 모르지만 소망과 꿈을 갖는 것이 무계획적인 생활보다는 낫지 않을까 생각합니다.
그럼 여기서 어르신들 꿈과 소망이 이루어지기를 바라며 이해인님의 시 한 편을 소개하겠습니다. 감상해 보시지요.

BGM in - up down

새해 새 아침

— 이해인

새해의 시작도
새 하루부터 시작됩니나.

어서 희망의 문을 열고 들어오십시오.
사철 내내 변치 않는 소나무 빛 옷을 입고
기다리면서 기다리면서
우리를 키워온 희망

어서 기쁨의 문을 열고 들어오십시오.
시작을 잘 해야만
빛나게 될 삶을 위해
설레는 첫 감사로 문을 여는 아침

서로가 복을 빌어주는 동안에는
이미 새사람으로 거듭나는
새해 새 아침이여…

BGM out

잘 감상하셨지요?
이 시는 한 해가 시작되는 새해 아침 처음, 첫날에 느끼는 기대와 가슴 설레는 마음을 기억하면서 희망을 갖고, 준비와 시작을 잘해서 슬기롭게 삶을 살자는 시인 것 같습니다.
그럼 여기서 잠깐 음악 한 곡 감상하고 쉬었다 갈까요?
조용필이 부릅니다. 〈꿈〉

Music : 2. 〈꿈〉

지금은 화요일에 한현수가 보내드리는 〈문학산책〉 방송을 감상하고 계십니다.
≪명심보감≫을 보면 공자 삼계도에 이런 말씀이 있더군요.
“일생의 계획은 어릴 때에 있고, 일 년의 계획은 봄에 있고, 하루의 계획은 새벽에 있으니, 어려서 배우지 않으면 늙어서 아는 것이 없고, 봄에 만약 밭 갈지 않으면 가을에 바랄 것이 없으며, 새벽에 만약 일어나지 않으면 그날 할 일을 판별하지 못할 것이다."
저는 이 글귀를 보고 정초인 요즈음 새해 소망과 꿈을 가져야 된다고 생각했습니다.
어르신들도 큰 꿈과 희망을 가지고 아니면 조그마한 소망과 꿈이라도 목표를 정하여 올 1년을 뜻있고 보람 있게 지내셨으면 하는 생각이 드네요.
그럼 여기서 또 노래 한 곡 띄워 드리고 〈문학산책〉 계속 진행하겠습니다.
〈희망가〉 최희준이 부릅니다.

Music 3. 〈희망가〉

노래 잘 감상하셨나요. '푸른 하—늘 밝은 달 아래 곰곰이 생각하니 / 세상만사가 춘몽 중에 또다시 꿈 같도다.' 희망가 노래를 들으니 이 소절이 가슴에 와 닿는군요.
저는 이번 설을 지나면서 무엇인가 허전하고 지난 세월이 자꾸 뒤돌아봐졌습니다. 왜냐고요.
이번 설을 쇠고 딱 70(일흔)이 되었거든요. 그렇지 않아도 노인 이란 두 글자의 족쇄를 찬 것 같아 서러웠는데 일흔이라니… 벌써! 하며 나도 모르게 한숨이 나더라고요.
그래서 서투른 글 솜씨지만 허전한 마음을 달래기 위해 시 한 편을 끄적거려 봤습니다.

한번 들어보실래요.

BGM in - up down

칠순(七旬)이 되던 날

— 한현수

일흔 계단에 오르고 보니
지난 세월 까마득히 멀어져 보이고
더 이상 오르기가 무섭고 겁이 난다

세월 빠름은 나이에 비례한다 하였던가?
쏜살같이 달려온 육십에도
현기증이 나고 보낸 세월이 아쉬운데
70킬로미터로 달려야 할 계단을 올려다보니
지레 겁이 났는지 가슴이 두근두근하여
마음, 건강 안전벨트를 조이고
이제 그만 브레이크를 밟으며 서행을 하고 싶다

인생은 칠십부터라고들 하지만
발바닥이 부르트고 이마에 골이 나도록
가정과 직장의 파수꾼으로
삶에 진을 빼며 달려온 인생
선뜻 용기가 나질 않는다

그래도 어찌하랴
윤기 나는 인생 2막을 향하여
달려보자 희망을 갖고.

BGM out

소인의 푸념 같은 글 잘 감상하셨나요. 어르신들도 연세가 한 겹 더 쌓이면서 많은 생각이 드시지요. 마음은 청춘인데… 하고 말입니다.
그래서 어르신들이 요새 한참 즐겨 부르시는 노래 골라 보았어요. 〈내 나이가 어때서〉 오승근이 부릅니다.

Music 4. 〈내 나이가 어때서〉

노래 잘 감상하셨나요. 노래 가사처럼 마음은 무엇이든지 할 것 같은 용기가 아직 남아 있지요.
어르신들 복지관에서 배우고 활동하는 것을 보고 존경스러워 저는 노래 가사를 바꾸어 〈배움에도 나이가 있나요〉 하고 글을 한 편 쓴 일이 있답니다.
힘내세요. 지금도 자랑스럽습니다.
어르신들 엊그제 입춘이 지났다고 하지만 아직 추위가 가려면 우수 경칩이 지나야겠지요, 무엇보다 건강 잘 지키고 보람 있는 시간 갖기를 빌겠습니다.

내일 모레 돌아오는 또 하나의 명절 대보름도 즐겁게 보내시고요. 오늘의 〈문학산책〉은 여기서 멈출까 합니다. 남은 오후 시간도 즐겁게 보내시기 바라며 마지막 노래 띄워 드립니다. 나훈아가 부릅니다. 〈고향역〉
지금까지 진행에 한현수, 엔지니어 조홍만이었습니다. 안녕히 계십시오.

Music 5. 〈고향역〉

(2014. 2 11. 방송)

한현수 수필집
방안퉁수가 부르는 노래

인쇄 2014년 08월 12일
발행 2014년 08월 20일

지은이 한현수
발행인 서정환
펴낸곳 신아출판사
주소 전북 전주시 완산구 공북 1길 16
전화 (063) 275-4000 · 0484 · 6374
팩스 (063) 274-3131
이메일 sina321@hanmail.net shina2347@naver.com
출판등록 제465-1984-000004호
인쇄 · 제본 신아출판사

ISBN 979-11-5605-119-0 03810
값 13,000원

이 도서의 국립중앙도서관 출판시도서목록(CIP)은 서지정보유통지원시스템 홈페이지(http://seoji.nl.go.kr)와 국가자료공동목록시스템(http://www.nl.go.kr/kolisnet)에서 이용하실 수 있습니다.
(CIP제어번호 : CIP2014023705)

Printed in KOREA

이 책의 발간비 일부는 전라북도 문예진흥기금의 지원을 받았습니다.